Khalil Gibran
Liebe ist ein Wort des Lichts

Khalil Gibran

# Liebe ist ein Wort des Lichts

**Die Prophetenbücher**

Der Prophet – Die Rückkehr des Propheten –
Die Sehnsucht des Propheten

Patmos

**VERLAGSGRUPPE PATMOS**

**PATMOS**
**ESCHBACH**
**GRUNEWALD**
**THORBECKE**
**SCHWABEN**

Die Verlagsgruppe
mit Sinn für das Leben

Für die Schwabenverlag AG ist Nachhaltigkeit ein wichtiger Maßstab
ihres Handelns. Wir achten daher auf den Einsatz umweltschonen-
der Ressourcen und Materialien. Dieses Buch wurde auf FSC®-
zertifiziertem Papier gedruckt. FSC (Forest Stewardship Council®)
ist eine nicht staatliche, gemeinnützige Organisation, die sich für
eine ökologische und sozial verantwortliche Nutzung der Wälder
unserer Erde einsetzt.

Umschlaggestaltung oder Gestaltung: Finken & Bumiller, Stuttgart
Druck: CPI – Ebner & Spiegel, Ulm
Hergestellt in Deutschland

ISBN 978-3-8436-0080-4

# Inhalt

# Der Prophet

# Inhalt

# Die Ankunft des Schiffes

Al-Mustapha, der Erwählte und Geliebte, der seinerzeit eine Morgenröte war, hatte zwölf Jahre lang in der Stadt Orphalese auf die Ankunft seines Schiffes gewartet, das ihn auf die Insel zurückbringen sollte, auf der er das Licht der Welt erblickt hatte.

Im zwölften Jahr bestieg er am siebten Tag des Erntemonats Ailul einen Hügel außerhalb der Stadtmauern und schaute aufs Meer; da entdeckte er am fernen Horizont sein Schiff, wie es aus dem Nebel auftauchte.

Die Tore seines Herzens öffneten sich weit und ließen seiner Freude freien Lauf. Dann schloss er seine Augen und betete in der Stille seines Herzens.

Aber als er den Hügel hinabstieg, überkam ihn Trauer, und er dachte bei sich: Wie könnte ich in Frieden und ohne Bedauern von hier scheiden? Nein, ohne Wunde im Herzen werde ich diese Stadt nicht verlassen.

Lang waren die leidvollen Tage, die ich in ihren Mauern zubrachte, und lang waren meine einsamen Nächte; und wer kann sein Leid und seine Einsamkeit unbekümmert aufgeben?

Zu viele Geistessplitter habe ich auf diesen Wegen ausgestreut, und zu zahlreich sind die Kinder meiner Sehnsucht, die sich nackt zwischen diesen Hügeln tummeln, als dass ich mich ohne Sorge und Schmerz von ihnen abwenden könnte.

Es ist kein Gewand, das ich einfach abstreife, sondern eine Haut, die ich mir eigenhändig abziehen muss; und es sind nicht nur Gedanken, die ich hier zurücklasse, sondern ein Herz, das Hunger und Durst besänftigten.

Doch kann ich nicht länger verweilen. Es ruft das Meer, das alles an sich zieht, und ich muss seinem Ruf folgen.

Denn zu verweilen, obgleich die Stunden in den Nächten brennen, hieße zu gefrieren und in fester Form zu erstarren.

Gern nähme ich alles mit, was es hier gibt. Doch wie wäre das möglich? Kann eine Stimme die Zunge und die Lippen mitnehmen, die sie formten und beflügelten? Allein muss sie sich in den Äther schwingen, und allein, ohne sein Nest, fliegt der Adler zur Sonne.

Als er den Hügel hinabgestiegen war, wandte er sich erneut dem Meer zu. Er sah sein Schiff in den Hafen einlaufen, und an Bord sah er die Seeleute, Männer seines Landes.

Und seine Seele rief ihnen zu:

Söhne meiner ehrwürdigen Mutter, ihr Ritter der Fluten, wie oft habt ihr in meinen Träumen die Segel gehisst! Und nun erreicht ihr mich im Wachen, meinem tieferen Traum!

Ich bin bereit aufzubrechen, und mit gesetzten Segeln erwarte ich den Wind. Gewährt mir nur noch einen Atemzug von dieser stillen Luft und einen letzten liebevollen Blick zurück.

Dann werde ich mich zu euch gesellen, als Seefahrer unter Seefahrern.

Und du, unüberschaubare See, schlafende Mutter, die allein den Flüssen und Strömen Freiheit und Frieden gewährt, nur noch eine Windung des Stromes, ein Murmeln in der Lichtung, und ich werde zu dir kommen als unbegrenzter Tropfen ins grenzenlose Meer.

Und auf dem Weg zum Hafen erblickte er in der Ferne Männer und Frauen, die ihre Felder und Weinberge verließen und zu den Stadttoren eilten.

Er hörte sie seinen Namen rufen, und die Kunde von der Ankunft seines Schiffes verbreitete sich von Feld zu Feld.

Da dachte er bei sich: Soll der Tag des Abschieds der Tag der Ernte werden? Und soll mein Abend wahrhaft mein Morgenrot sein?

Was vermag ich jemandem zu geben, der seinen Pflug inmitten der Furche stehen lässt oder das Rad seiner Weinkelter abstellt?

Wird mein Herz einem Baum gleichen, reich beladen mit Früchten, die ich pflücken und austeilen kann? Und werden meine Wünsche wie ein Quell sprudeln, an dem Menschen ihre Becher füllen können?

Bin ich eine Harfe, die der Allmächtige berührt, oder eine Flöte, in die sein Atem dringt?

Ein Sucher der Stille bin ich; und welchen Schatz fand ich in der Stille, den ich getrost verteilen kann?

Wenn dies der Tag meiner Ernte ist, so wüsste ich gern, in welche Felder ich meine Samen säte und in welchen vergessenen Jahreszeiten.

Und wenn dies die Stunde ist, meine Laterne zu erheben, so soll es nicht meine Flamme sein, die darin leuchtet.

Leer und dunkel werde ich sie erheben und der Wächter der Nacht wird sie mit Öl füllen.

So sprach er, doch vieles in seinem Herzen blieb unausgesprochen; denn sein tiefstes Geheimnis ließ sich nicht in Worte kleiden.

Und als er die Stadt betrat, strömten ihm die Menschen entgegen, und einstimmig riefen sie ihm zu.

Die Ältesten der Stadt baten: Verlass uns noch nicht! Du hast erst die Mittagszeit in unserem gleißenden Licht verbracht, und deine Jugend beschenkte uns mit Träumen.

Weder Fremder noch Gast bist du in unserer Mitte, sondern unser Sohn und unser Geliebter. Lass unsere Augen nicht schon jetzt dein Antlitz missen.

Und die Priester und Priesterinnen sagten: Lass nicht zu, dass die Wellen des Meeres uns von dir trennen und dass die Jahre, die du bei uns verbrachtest, zur Erinnerung verblassen!

Wie ein Geist bewegtest du dich unter uns, und dein Schatten war Licht auf unseren Gesichtern.

Wir liebten dich sehr, doch versäumten wir es, unserer Liebe Ausdruck zu verleihen, und verhüllten sie mit Schleiern. Nun aber steht sie unverhüllt vor dir und spricht unüberhörbar zu dir.

Und stets war es so, dass die Liebe in der Stunde der Trennung erst ihre wahre Tiefe erkennt.

Andere traten hinzu und flehten ihn an, doch er antwortete nicht. Er neigte seinen Kopf, und die in seiner Nähe standen, sahen Tränen auf seine Brust fallen.

Von der Menge umringt, begab er sich auf den großen Platz vor dem Tempel.

Da trat aus dem Heiligtum eine Frau, al-Mitra mit Namen, die eine Seherin war.

Er schaute sie mit großer Zärtlichkeit an, denn sie hatte ihn als Erste aufgesucht und an ihn geglaubt, als er gerade einen Tag in ihrer Stadt weilte.

Sie grüßte ihn und sprach: Prophet Gottes, auf der Suche nach dem Allerhöchsten, lange hast du den Horizont nach deinem Schiff abgesucht. Nun ist es gekommen, und du musst uns verlassen.

Tief ist deine Sehnsucht nach dem Land deiner Erinnerungen und der Heimat deiner erhabensten Wünsche. Unsere Liebe soll dich nicht fesseln und unsere Not dich nicht zurückhalten. Doch eine Bitte haben wir, bevor du uns verlässt: Sprich zu uns, und verkünde uns deine Wahrheit; wir werden sie an unsere Kinder weitergeben, und diese wiederum an ihre Kinder, und so wird sie nicht vergehen.

In deiner Einsamkeit wachtest du über unseren Tagen, und in deinem Wachen vernahmst du das Weinen und Lachen unserer Träume.

So enthülle uns dein Wissen über uns und teile uns alles mit, was dir offenbart wurde über das Leben zwischen Geburt und Tod!

Er antwortete: Menschen von Orphalese, wovon sollte ich zu euch sprechen wenn nicht von dem, was eure Seelen gerade bewegt.

# Die Reden des Propheten

## Von der Liebe

Da sagte al-Mitra: Sprich zu uns über die Liebe!

Er erhob seinen Kopf und blickte auf die Menge, und Schweigen ergriff die Versammelten. Da sprach er mit lauter Stimme:

Wenn die Liebe dir winkt, so folge ihr, mögen ihre Wege auch hart und steil sein!

Und wenn dich ihre Flügel umfangen, so überlass dich ihr, mag auch das Schwert, das sie unter ihrem Gefieder verbirgt, dich verwunden.

Und wenn die Liebe zu dir spricht, so vertraue ihr, selbst wenn ihre Stimme deine Träume zerschlägt, wie der Nordwind den Garten verwüstet.

Denn wie die Liebe dich krönt, so wird sie dich auch kreuzigen, und wie sie dich entfaltet, so wird sie dich auch beschneiden.

Und wie sie sich zu deinen Höhen erhebt, um deine zartesten Zweige, die in der Sonne zittern, zu liebkosen, so steigt sie auch hinab zu deinen Wurzeln, die sich an den Erdboden klammern, um sie aufzurütteln.

Wie eine Korngarbe liest sie dich auf und drischt dich, um dich zu entblößen. Sie siebt dich, um dich von deiner Spreu zu befreien, sie zerreibt dich, bis du weiß wirst, und knetet dich, bis du geschmeidig bist.

Dann übergibt sie dich ihrem heiligen Feuer, damit du heiliges Brot wirst für Gottes heiliges Festmahl.

All dies wird die Liebe dir antun, damit du die Geheimnisse deines Herzens erkennst, und dank dieser Erfahrung ein Teil vom Herzen des Lebens wirst.

Doch wenn du in deiner Kleinherzigkeit nur der Liebe Lust und Frieden suchst, dann tust du besser daran, deine Blöße zu verhüllen und die Tenne der Liebe zu vertauschen mit der Welt ohne Jahreszeiten, wo du lachen wirst, aber nicht dein ganzes Lachen, und wo du weinen wirst, aber nicht all deine Tränen.

Liebe verschenkt nur sich selbst und nimmt nur von sich selbst.

Weder will sie besitzen, noch lässt sie sich besitzen, denn Liebe genügt der Liebe.

Und wenn du liebst, sag nicht: Gott ist in meinem Herzen. Sag vielmehr: Ich bin im Herzen Gottes.

Glaube nicht, dass du den Lauf der Liebe lenken kannst; es ist die Liebe, die deinen Lauf lenkt, wenn sie dich für würdig hält.

Liebe hegt keinen anderen Wunsch, als sich zu erfüllen. Doch wenn du liebst und dennoch Wünsche hast, so seien es diese:

zu schmelzen und einem fließenden Bach zu gleichen, der sein Lied der Nacht singt;

den Schmerz zu großer Zärtlichkeit zu erkennen; verwundet zu sein von deinem eigenen Verständnis der Liebe, und freiwillig und freudig zu bluten;

beim Morgenrot mit frohem Herzen zu erwachen und Dank zu sagen für einen neuen Tag der Liebe;

zur Mittagszeit zu ruhen und den Verzückungen der Liebe nachzusinnen;

abends dankbar heimzukehren und einzuschlafen mit einem Gebet für die Geliebte im Herzen und auf den Lippen einen Lobgesang.

## Von der Ehe

Wieder wandte sich al-Mitra an ihn und fragte: Wie ist es mit der Ehe, Meister?

Und er antwortete: Zusammen seid ihr geboren und für immer sollt ihr zusammen sein!

Ihr sollt vereint bleiben, wenn die weißen Flügel des Todes eure Tage zerstreuen; selbst im stillen Gedenken Gottes sollt ihr vereint sein.

Doch lasst einander Raum in eurem Zusammensein!

Lasst die Winde des Himmels zwischen euch tanzen!

Liebt einander, doch macht die Liebe nicht zur Fessel! Sie sei vielmehr eine wogende See zwischen den Ufern eurer Seelen.

Füllt einander den Becher, doch trinkt nicht aus dem gleichen Gefäß!

Teilt euer Brot miteinander, doch esst nicht vom selben Laib!

Singt und tanzt zusammen und seid fröhlich, doch wahrt eure Eigenständigkeit!

Seid wie die Saiten einer Laute, die einzeln stehen, auch wenn die gleiche Musik auf ihnen ertönt.

Verschenkt eure Herzen, doch gebt sie nicht einander in Verwahr, denn nur die Hand des Lebens kann eure Herzen bewahren.

Steht zusammen, doch nicht zu nahe beieinander, denn auch des Tempels Säulen stehen einzeln; und weder Eiche noch Zypresse gedeihen im Schatten des anderen.

## Von den Kindern

Eine Frau, die einen Säugling an ihrer Brust hielt, bat: Sprich zu uns von den Kindern!

Und er sagte: Eure Kinder sind nicht eure Kinder! Sie sind Söhne und Töchter der Sehnsucht des Lebens nach Erfüllung.

Ihr Leben kommt durch euch, aber nicht von euch; und wenngleich sie bei euch sind, gehören sie euch nicht.

Ihr könnt ihnen eure Liebe schenken, doch nicht eure Gedanken, denn sie haben ihre eigenen Gedanken.

Ihr könnt ihre Körper beherbergen, aber nicht ihre Seelen, denn ihre Seelen wohnen in den Häusern von morgen, die ihr nicht betreten könnt, nicht einmal in euren Träumen.

Ihr dürft versuchen, ihnen zu gleichen; doch trachtet nicht danach, sie euch anzugleichen, denn das Leben läuft nicht rückwärts und hält sich nicht mit dem Gestern auf.

Ihr seid die Bogen, von denen eure Kinder als lebendige Pfeile ausgesandt werden.

Der Schütze sieht das Ziel auf der Bahn der Unendlichkeit; er spannt euch in seiner Macht, damit seine Pfeile umso schneller und weiter fliegen.

Biegt euch freudig in der Hand des Schützen, denn ebenso wie er den fliegenden Pfeil liebt, so liebt er auch den Bogen, der standhält.

## Vom Geben

Und ein reicher Mann bat: Sprich zu uns vom Geben!

Er erwiderte: Wenig gebt ihr, wenn ihr von eurem Besitz gebt. Erst wenn ihr von euch selber gebt, gebt ihr wirklich.

Ist euer Besitz denn etwas anderes als Hab und Gut, das ihr hortet und bewacht aus Sorge, ihr könntet es morgen benötigen?

Was wird das Morgen dem Hund bringen, der aus übertriebener Vorsorge seinen Knochen im Sand verscharrt, wenn er den Pilgern zur heiligen Stadt folgt?

Ist nicht die Angst vor der Not selber eine Not?

Und wenn ihr bei vollem Brunnen Durst leidet, was bedeutet das anderes, als dass euer Durst unstillbar ist?

Es gibt Menschen, die geben wenig von dem vielen, das sie besitzen – und sie tun es um der Anerkennung willen, doch ihre verborgene Absicht macht ihre Gabe unbekömmlich.

Und es gibt Menschen, die wenig besitzen und alles geben. Das sind die Menschen, die an das Leben und an des Lebens Überfülle glauben und deren Schatztruhen nie leer werden.

Einige geben mit Freuden, und die Freude ist ihr Lohn; andere geben mit Schmerzen, und der Schmerz ist ihre Taufe.

Und es gibt Menschen, die beim Geben weder Freude, Schmerz noch Tugendhaftigkeit empfinden.

Sie geben wie die Myrte im Tal, wenn sie ihren Duft verströmt. Durch die Hände solcher Menschen spricht Gott, und durch ihre Augen lächelt er die Erde an.

Es ist gut zu geben, wenn man uns darum bittet. Aber besser ist es, ungebeten und aus Mitgefühl zu geben.

Es macht dem Freigebigen mehr Freude, jemanden zu suchen, den er beschenken kann, als das Geben selbst.

Und warum solltet ihr etwas zurückhalten? Alles, was ihr besitzt, werdet ihr eines Tages aufgeben müssen.

Darum gebt jetzt, und die Zeit des Gebens wird die eure sein und nicht die eurer Erben.

Oft wendet ihr ein: Gerne würde ich geben, doch nur denen, die es verdienen.

Die Bäume eurer Gärten handeln nicht so, und auch nicht die Herden eurer Weiden.

Sie geben um zu leben, denn zurückhalten bedeutet zugrunde gehen.

Wer würdig ist, die Tage und Nächte des Lebens zu empfangen, ist es auch, all' eure Gabe zu erhalten.

Und wer würdig ist, aus dem Meer des Lebens zu trinken,

ist es auch wert, an eurem Quellwasser seinen Becher zu füllen.

Gibt es ein größeres Verdienst als jenes, das im Mut, im Vertrauen und im Wohlwollen des Empfangens liegt?

Wer seid ihr, verlangen zu können, dass die Menschen ihre Brust öffnen und ihren Stolz enthüllen, damit ihr euch von ihrem wahren Wert und ihrem unverhüllten Ehrgefühl überzeugen könnt?

Seht zu, dass ihr würdig werdet, ein Gebender zu sein und ein Werkzeug des Gebens.

In Wahrheit ist es das Leben, das gibt, während ihr, die ihr zu geben vermeint, nur Zeugen seid.

Und ihr, die ihr empfangt – und ihr seid alle Empfangende –, macht die Dankesschuld nicht zur Last, weder für euch noch für den, der gibt!

Schwingt euch lieber mit ihm zusammen auf seinen Gaben empor wie auf Flügeln;

denn wenn ihr die Dankesschuld überbewertet, so zweifelt ihr an der Großmut desjenigen, der die großherzige Erde zur Mutter hat und den barmherzigen Gott zum Vater.


## Vom Essen und Trinken

Ein alter Gastwirt bat: Sprich zu uns vom Essen und Trinken!

Und er sprach: Könntet ihr doch vom Duft der Erde leben oder vom Licht wie die Luftpflanzen!

Doch da ihr töten müsst, um zu essen, und dem Neugeborenen die Muttermilch wegnehmt, um euren Durst zu stillen, so geschehe es mit Ehrfurcht!

Und euer Tisch sei ein Altar, auf dem das Reine und Unschuldige des Feldes und des Waldes geopfert wird für das, was im Menschen noch reiner und noch unschuldiger ist.

Wenn ihr ein Tier töten müsst, sagt zu ihm in eurem Herzen: Die gleiche Macht, die dich tötet, wird auch mich töten, und auch ich werde verzehrt werden.

Denn das Gesetz, das dich meiner Hand übergab, wird mich einer mächtigeren Hand übergeben. Dein Blut und meins sind der Saft, der den Baum des Himmels nährt.

Und wenn du mit deinen Zähnen in einen Apfel beißt, sprich zu ihm in deinem Herzen: Deine Samen werden in meinem Körper weiterleben, und deine Knospen von morgen werden in meinem Herzen blühen.

Dein Duft wird mein Atem sein, und gemeinsam werden wir uns an allen Jahreszeiten erfreuen.

Und wenn ihr im Herbst die Trauben eurer Weinberge zum Keltern sammelt, sagt in eurem Herzen:

Auch ich bin ein Weinberg, und auch meine Früchte werden zum Keltern gesammelt werden, und dem neuen Wein gleich werde ich in ewigen Gefäßen aufbewahrt werden.

Und wenn ihr im Winter den Wein ausschenkt, so sei ein Lied für jeden Becher Wein in eurem Herzen.

Möge dieses Lied die Erinnerung wachrufen an die Herbsttage, den Weinberg und die Kelter.


## Von der Arbeit

Und ein Bauer bat: Sprich zu uns von der Arbeit!

Und er sagte: Ihr arbeitet, um Schritt zu halten mit der Erde und der Erde Seele.

Denn müßig zu sein bedeutet, den Jahreszeiten fremd zu werden und den Pilgerzug des Lebens zu verlassen, der würdevoll und in stolzer Ergebenheit der Ewigkeit entgegenzieht.

Wenn ihr arbeitet, so gleicht ihr einer Flöte, in deren Herzen sich das Flüstern der Zeit in Musik verwandelt.

Und wer von euch wollte ein stummes Rohr sein, wenn alle anderen im Einklang singen?

Stets hat man euch gesagt, dass Arbeit ein Fluch sei und Anstrengung ein Unglück.

Ich aber sage euch, wenn ihr arbeitet, verwirklicht ihr einen Teil des grenzenlosen Traumes, der euch bei seiner Geburt übertragen wurde.

Indem ihr euch anstrengt, stellt ihr eure Liebe für das Leben unter Beweis.

Und das Leben durch die Arbeit zu lieben heißt, vertraut zu sein mit des Lebens tiefstem Geheimnis.

Doch wenn ihr in eurem Schmerz die Geburt als Plage auffasst und die Sorge für den Leib als Fluch, der auf eure Stirn geschrieben ist, dann sage ich euch, dass nur der Schweiß eurer Stirn abzuwischen vermag, was auf ihr geschrieben steht.

Man hat euch auch gesagt, dass das Leben Finsternis ist, und in eurer Enttäuschung wiederholt ihr, was die Enttäuschten sagen.

Ich aber sage euch, das Leben ist tatsächlich Finsternis, wenn ihm der Antrieb fehlt.

Und aller Antrieb ist blind ohne das Wissen.

Alles Wissen ist vergeblich ohne die Arbeit.

Und alle Arbeit ist sinnlos ohne die Liebe.

Wenn ihr aber mit Liebe arbeitet, so findet ihr zu euch selber, zueinander und zu Gott.

Und was heißt es, mit Liebe zu arbeiten?

Es bedeutet, das Gewand mit Fäden zu weben, die aus eurem Herzen gezogen sind, als solle euer Geliebter das Gewand tragen.

Es bedeutet, ein Haus mit Leidenschaft zu bauen, als solle eure Geliebte es bewohnen.

Es bedeutet, den Samen mit Zartgefühl auszustreuen und

die Ernte mit Freude einzubringen, als solle die Geliebte von den Früchten kosten.

Es bedeutet, alle Dinge, die ihr herstellt, mit einem Hauch eures Geistes zu versehen und zu wissen, dass alle selig Verstorbenen um euch stehen und zusehen.

Oft hörte ich euch wie im Schlaf sprechen: Wer mit Marmor arbeitet und dem Stein die Gestalt seiner Seele einprägt, ist edler als derjenige, der die Erde pflügt.

Und wer den Regenbogen ergreift und ihn als menschliche Gestalt auf die Leinwand bannt, ist größer als der Schuster, der Sandalen für unsere Füße anfertigt.

Ich aber sage euch – und zwar nicht im Schlaf, sondern bei vollem Bewusstsein der Mittagszeit –, dass der Wind zu den riesigen Eichen nicht süßer spricht als zum kleinsten aller Grashalme.

Nur der ist groß, der die Stimme des Windes in ein Lied verwandelt, das dank seiner Liebe noch süßer wird.

Arbeit ist sichtbar gemachte Liebe.

Und wenn ihr nicht mit Liebe, sondern nur mit Unlust arbeiten könnt, dann ist es besser, eure Arbeit zu verlassen und euch ans Tor des Tempels zu setzen, um Almosen zu erbitten von denen, die mit Freude arbeiten.

Denn wenn ihr das Brot gleichgültig backt, so backt ihr ein bitteres Brot, das den Hunger der Menschen nicht einmal zur Hälfte stillt.

Und wenn ihr mit Widerwillen die Trauben presst, so mischt euer Unwille ein Gift unter den Wein.

Wenn ihr auch wie Engel singt, ohne den Gesang zu lieben, so macht ihr der Menschen Ohren taub für die Stimmen des Tages und die Stimmen der Nacht.

# Von der Freude und vom Leid

Eine Frau bat: Sprich zu uns über die Freude und über das Leid!

Und er sagte: Eure Freude ist euer unmaskiertes Leid.

Derselbe Quell, aus dem euer Lachen quillt, wurde oft mit euren Tränen gefüllt.

Und wie könnte es anders sein?

Je tiefer sich das Leid in euer Sein einkerbt, umso mehr Freude kann es fassen.

Ist nicht der Becher, der euren Wein enthält, das gleiche Gefäß, das zuvor im Ofen des Töpfers gebrannt wurde?

Und ist nicht die Laute, die euren Geist besänftigt, aus demselben Holz, das mit Messern ausgehöhlt wurde?

Wenn ihr froh seid, schaut tief in eure Herzen, und ihr werdet entdecken, dass der Grund eures vergangenen Leids nun der Grund eurer Freude ist.

Und wenn ihr traurig seid, schaut wieder in euer Herz, und ihr werdet sehen, dass ihr in Wahrheit darüber weint, was zuvor eure Freude ausmachte.

Einige von euch sagen: Freude ist größer als Leid; andere widersprechen: Nein, Leid ist größer als Freude.

Ich aber sage euch: Beide sind unzertrennlich.

Sie treten zusammen auf, und wenn einer alleine mit euch zu Tisch sitzt, so wisset, dass der andere bereits auf eurem Lager ruht.

Wahrlich, wie zwei Waagschalen seid ihr aufgehängt zwischen eurem Leid und eurer Freude, und nur wenn ihr leer seid, seid ihr im Stillstand und Gleichgewicht.

Wenn der Besitzer des Schatzes euch aufhebt, um sein Gold und Silber zu wiegen, so muss eure Freude oder euer Leid steigen oder sinken.

# Von den Häusern

Ein Maurer trat vor und bat: Sprich zu uns über die Häuser!

Und er sagte: Baut euch in eurer Phantasie eine luftige Laube in der Wildnis, bevor ihr euch ein Haus innerhalb der Stadtmauern baut!

Denn wie ihr gerne in der Dämmerung heimkehrt, so auch der Wanderer in euch, der ewig fern und einsam ist.

Euer Haus ist euer erweiterter Körper.

Er wächst in der Sonne und schläft träumend in der Stille der Nacht. Oder glaubt ihr nicht, dass euer Haus träumt und träumend die Stadt verlässt, um in Hainen und auf Hügeln zu verweilen?

Könnte ich eure Häuser doch in meinen Händen sammeln und sie einem Sämann gleich über Wälder und Wiesen ausstreuen!

Wären doch die Täler eure Straßen und die grünen Pfade eure Gassen, so dass eure Wege durch die Weinberge führen, wenn ihr einander besucht und eure Kleidung nach Erde duftet bei eurer Ankunft.

Aber bis jetzt lassen sich diese Dinge noch nicht verwirklichen.

In ihrer Furcht siedelten eure Vorfahren zu nah beieinander; und diese Furcht wird noch eine Weile andauern. Eure Stadtmauern werden euren Herd noch eine Weile von euren Feldern trennen. Und sagt mir, ihr Leute von Orphalese, was ihr in euren Häusern habt, und was bewahrt ihr hinter verriegelten Türen?

Habt ihr darin Frieden, diesen stillen anspornenden Gast, der eure Kraft offenbart?

Habt ihr darin Erinnerungen, die, schimmernden Gewölben gleich, die Gipfel eures Geistes überspannen?

Habt ihr darin Schönheit, die das Herz von Dingen, die aus Holz und Stein geschaffen, auf den heiligen Berg führt?
Sagt mir, habt ihr all dies in euren Häusern?
Oder gibt es darin nur Bequemlichkeit und den Wunsch nach Bequemlichkeit, nach diesem maskierten Geschöpf, das euer Haus als Gast betritt, dann zum Wirt und schließlich zum Hausherrn wird?

Ja, sie wird sich noch zu eurem Zuchtmeister aufspielen; mit Peitsche und Geißel in den Händen wird sie eure hehren Wünsche zu Marionetten machen.
Ihre Hände sind aus Seide, aber ihr Herz ist aus Eisen.
Sie lullt euch in den Schlaf, um dann an eurem Bett zu stehen und des Fleisches Würde zu verspotten.
Sie macht sich lustig über euren gesunden Verstand und hüllt ihn in Watte ein, als sei er ein gebrechliches Gefäß.
Wahrlich, das Verlangen nach Bequemlichkeit tötet die Leidenschaft der Seele und folgt dann grinsend ihrem Leichenzug.
Ihr aber, Kinder der Erde, die ihr noch in der Ruhe rastlos seid, geht nicht in die Falle der Bequemlichkeit, und lasst euch nicht von ihr gefügig machen!
Euer Haus sei kein Anker, sondern ein Mast!
Es sei kein schimmerndes Häutchen, das eure Wunde bedeckt, sondern ein Augenlid, das euer Auge behütet.
Baut eure Häuser nicht so, dass ihr eure Flügel falten müsst, um durch die Türen zu kommen, eure Köpfe beugen müsst, um nicht an die Decke zu stoßen, oder Angst haben müsst zu atmen, damit die Wände nicht erzittern und einfallen! Ihr sollt nicht in Grabstätten wohnen, welche die Toten für die Lebenden errichteten!
Und wenn euer Haus auch großartig und prächtig ist, so sollte es weder euer Geheimnis hüten, noch eure Sehnsucht beherbergen.

Denn was grenzenlos in euch ist, wohnt im Haus des Himmels, dessen Tor der Morgennebel ist und dessen Fenster die Lieder und die Stille der Nacht sind.

## Von den Kleidern

Ein Weber bat: Sprich zu uns über die Kleider!

Und er sagte: Eure Kleidung verbirgt viel von eurer Schönheit, ohne das Hässliche zu verhüllen.

Und sucht ihr auch in Gewändern eure persönliche Freiheit, so gebt Acht, dass sie sich nicht als Rüstung und als Kette erweisen.

Könntet ihr doch der Sonne und auch dem Wind mehr von eurer Haut und weniger von eurer Kleidung preisgeben!

Denn der Atem des Lebens ist im Sonnenlicht, und die Hand des Lebens ist im Wind.

Einige von euch sagen: Der Nordwind wob die Kleider, die wir tragen.

Und ich sage: Es stimmt, es war der Nordwind; aber sein Webstuhl war die Scham, und Schlaffheit war sein Garn.

Und als diese Arbeit beendet war, verzog er sich lachend in den Wald.

Vergesst nicht, dass Sittsamkeit ein Schutz ist vor den Blicken des Unreinen.

Doch wenn es keine Unreinen mehr gibt, was ist Sittsamkeit dann anderes als Fessel und Verwirrung des Geistes?

Und vergesst nicht, dass es die Erde beglückt, eure bloßen Füße zu spüren; und dass sich die Winde danach sehnen, mit eurem Haar zu spielen.

# Vom Kaufen und Verkaufen

Ein Kaufmann bat: Sprich zu uns über das Kaufen und Verkaufen!

Und er sagte: Die Erde bringt für euch Früchte hervor, und es wird euch an nichts mangeln, wenn ihr nur eure Hände zu füllen wisst.

Wenn ihr die Gaben der Erde tauscht, werdet ihr nicht nur gesättigt werden, sondern Überfluss haben.

Doch ohne Liebe und wohlwollende Gerechtigkeit wird der Austausch die einen zur Habgier und die anderen zum Hunger führen.

Wenn ihr Fischer, Bauern und Winzer auf dem Marktplatz mit Webern, Töpfern und Gewürzhändlern zusammentrefft, so ruft den freigebigen Geist der Erde an, in eure Mitte zu kommen und die Messgeräte zu segnen, sowie die Schätzungen, die den Wert der Waren abwägen.

Duldet bei euren Tauschgeschäften niemanden mit leeren Händen, der seine Worte gegen eure Arbeit eintauschen möchte!

Zu solchen Menschen sagt: Kommt mit uns aufs Feld, oder begleitet unsere Brüder aufs Meer, wenn sie ihre Netze auswerfen, denn Erde und Wasser werden sich euch gegenüber ebenso freigebig zeigen wie uns.

Kommen aber Sänger, Tänzer und Flötenspieler zu euch, so nehmt auch von ihren Gaben!

Denn auch sie sind Sammler von Früchten und Weihrauch; und sind ihre Waren auch Traumgebilde, so sind sie dennoch Kleider und Nahrung für eure Seele.

Und bevor ihr den Marktplatz verlasst, vergewissert euch, dass niemand mit leeren Händen weggeht.

Denn der großmütige Geist der Erde wird nicht friedlich über den Winden ruhen, bis die Bedürfnisse des Geringsten unter euch befriedigt sind.

# Von Schuld und Sühne

Dann wandte sich ein Richter der Stadt an ihn und bat: Sprich zu uns von Schuld und Sühne!

Und er sagte: Wenn euer Geist sich vom Wind hinwegtragen lässt, so begeht ihr allein und unbewacht ein Unrecht an anderen und somit letztlich auch an euch selbst.

Für dieses begangene Unrecht müsst ihr eine Weile am Tor der Seligen warten, bis man euch auf euer Klopfen hin öffnet.

Das Göttliche in euch gleicht dem Meer. Es bleibt ewig makellos. Wie der Äther trägt es nur die Beflügelten empor.

Und wie die Sonne ist das Göttliche in euch. Es kennt weder die Gänge des Maulwurfs, noch sucht es die Höhlen der Schlangen auf.

Doch das Göttliche wohnt nicht allein in eurem Innern.

Vieles in euch ist noch Mensch, und vieles andere ist noch nicht Mensch, sondern ein formloser Zwerg, der im Nebel schlafwandelt – auf der Suche nach seinem Erwachen.

Lasst mich nun vom Menschen in euch sprechen, denn er ist es – nicht das Göttliche in euch und nicht der Zwerg im Nebeldunst –, der Schuld und Sühne kennt.

Oft hörte ich euch über einen Übeltäter reden, als sei er nicht einer von euch, sondern ein Fremder und ein Eindringling in eure Welt.

Ich aber sage euch: So wie der Gerechte nicht höher steigen kann als das Heiligste in jedem von euch, ebenso kann der Böse und Schwache nicht tiefer fallen als das Niedrigste in euch.

Und wie ein einzelnes Blatt nicht vergilbt ohne das stillschweigende Wissen des ganzen Baumes, so gibt es auch keine Übeltäter ohne euer aller verborgenen Willen.

Wie in einem Festzug zieht ihr gemeinsam eurem göttlichen Ich entgegen.

Ihr seid der Weg und die Wallfahrer.

Wenn einer von euch fällt, so fällt er für die, die hinter ihm gehen – als Warnung vor dem Stolperstein.

Ja, er fällt sogar für die, die vor ihm gehen, die schneller und sicherer zu Fuß sind und die es versäumten, den Stein des Anstoßes zu entfernen.

Und noch ein Wort, wenngleich es schwer auf euren Herzen lasten wird:

Der Ermordete ist an seiner eigenen Ermordung nicht unschuldig.

Der Beraubte wird nicht ohne Mitschuld beraubt.

Der Rechtschaffene ist nicht schuldlos am Unrecht des Übeltäters.

Und derjenige, dessen Hände sauber sind, ist nicht unbeteiligt an den Missetaten des Bösen.

Ja, der Schuldige ist oft das Opfer des Geschädigten.

Und noch öfter trägt der Verurteilte die Last des Unschuldigen und Tadellosen.

Ihr könnt den Gerechten nicht vom Ungerechten trennen und das Gute nicht vom Bösen.


Zusammen stehen sie vor dem Angesicht der Sonne, so wie der weiße und der schwarze Faden zusammen verwoben sind.

Und reißt der schwarze Faden, so muss der Weber das ganze Gewebe prüfen ebenso wie den Webstuhl.

Wenn einer von euch die untreue Frau vor Gericht bringt, so möge man auch das Herz ihres Mannes in die Waagschale legen und bei ihm den gleichen Maßstab anlegen.

Und wer den Beleidiger auspeitschen will, erforsche zuvor den Geist des Beleidigten.

Wer von euch im Namen der Gerechtigkeit eine Strafe verhängen und die Axt an den Baum des Bösen legen möchte, der untersuche zuerst dessen Wurzeln!

Wahrlich, er wird die Wurzeln des Guten und des Bösen, des Fruchtbaren und Unfruchtbaren miteinander verflochten finden im stillen Schoß der Erde.

Und ihr Richter, die ihr gerecht sein wollt, welches Urteil sprecht ihr über jemanden, der in seinem Fleische ehrlich ist, in seinem Geist aber ein Dieb?

Wie bestraft ihr jemanden, der im Fleisch erschlägt und im Geist ein Erschlagener ist?

Und wie verfolgt ihr jemanden, der in seinen Handlungen ein Betrüger und Unterdrücker ist, weil er selbst gekränkt und verletzt wurde?

Und wie wollt ihr jene bestrafen, deren Reue bereits größer ist als ihr begangenes Unrecht?

Ist nicht Reue die Strafe, die jenes Gesetz verhängt, dem zu dienen ihr vorgebt?

Ihr könnt weder dem Unschuldigen Reue auferlegen, noch den Schuldigen von seiner Last befreien.

Ungebeten wird sie in der Nacht anklopfen, damit die Menschen wachen und auf der Hut seien.

Und ihr, die ihr die Gerechtigkeit zu verstehen glaubt, wie vermögt ihr dies, wenn ihr nicht alle Taten im vollen Lichte seht?

Erst dann werdet ihr erkennen, dass sowohl der Aufrechtstehende als auch der Gefallene ein einziger Mensch sind, der im Zwielicht steht – zwischen der Nacht seiner Zwergennatur und dem Tag seines göttlichen Ichs;

und dass der Eckstein des Tempels nicht höher ist als der niedrigste Stein in seinem Fundament.

# Von den Gesetzen

Ein Rechtsgelehrter fragte: Wie verhält es sich mit unseren Gesetzen, Meister?

Und er antwortete: Es macht euch Freude, Gesetze zu erlassen; und noch größere Freude bereitet es euch, sie zu brechen.

Wie Kinder, die am Meer spielen und Sandburgen bauen, um sie dann lachend zu zerstören.

Doch während ihr eure Sandburgen baut, schwemmt das Meer immer mehr Sand an.

Und wenn ihr eure Sandburgen vernichtet, lacht das Meer mit euch.

Wahrlich, das Meer lacht immer mit den Unschuldigen.

Doch wie steht es mit denen, für die das Leben nicht dem Meer gleicht und die von Menschen gemachten Gesetze nicht den Sandburgen?

Für die das Leben vielmehr ein Fels ist und das Gesetz ein Meißel, mit dem sie den Stein nach ihrem Ebenbild behauen möchten.

Und was ist mit dem Krüppel, der die Tänzer hasst?

Und mit dem Ochsen, der sein Joch liebt und das Wild des Waldes für Vagabunden hält?

Was ist mit der alten Schlange, die sich nicht mehr häuten kann und alle anderen für nackt und schamlos erachtet?

Und wie steht es mit dem, der zu früh zum Hochzeitsmahl kommt und dann übersättigt und müde weggeht und behauptet, alle Feste seien Vergewaltigungen und alle Festteilnehmer Gesetzesbrecher?

Was soll ich von ihnen anderes sagen, als dass auch sie im Sonnenlicht stehen, nur stehen sie mit dem Rücken zur Sonne.

Sie sehen nur ihre eigenen Schatten, und diese Schatten sind ihre Gesetze.

Und was ist die Sonne für sie anderes als etwas, das Schatten wirft?

Gesetze anzuerkennen bedeutet für sie nichts anderes, als sich zu bücken und ihre Schatten auf der Erde nachzuzeichnen.

Ihr aber, die ihr der Sonne entgegengeht, welche Schattenbilder auf dem Erdboden sollten euch aufhalten?

Die ihr mit dem Wind reist, welcher Wetterhahn sollte euch den Weg weisen?

Welches menschliche Gesetz sollte euch binden, wenn ihr euer Joch zerbrecht, ohne an den Gefängnistüren anderer zu rütteln?

Welches Gesetz solltet ihr fürchten, wenn ihr tanzt, ohne dabei über die Eisenketten anderer zu stolpern?

Und wer sollte euch vor Gericht stellen, wenn ihr euer Gewand ablegt, ohne es anderen in den Weg zu legen?

Leute von Orphalese, ihr könnt den Ton der Trommeln dämpfen und die Saiten der Leier lockern, doch wer sollte der Lerche gebieten, nicht zu singen?

## Von der Freiheit

Ein Redner bat: Sprich zu uns von der Freiheit!

Und er sagte: Am Stadttor und an eurem Herd sah ich euch kniefällig eure eigene Freiheit verehren.

Wie Sklaven, die sich vor einem Tyrannen demütigen und ihn preisen, obgleich er sie erschlägt.

Im Tempelhain und im Schatten der Zitadelle sah ich die Freiesten unter euch ihre Freiheit wie ein Joch tragen oder wie Handschellen.

Und mein Herz blutete, denn ihr seid nur frei, wenn das Streben nach Freiheit euer Harnisch ist und wenn ihr aufhört, von der Freiheit als Ziel und Erfüllung zu sprechen.

Frei seid ihr noch nicht, wenn eure Tage frei sind von Sorge und eure Nächte frei von Kummer.

Sondern erst, wenn beide euer Leben umklammern und ihr euch nackt und ungebunden über sie erhebt.

Doch wie solltet ihr euch über eure Tage und Nächte erheben, ohne die Ketten zu zerbrechen, die ihr in der Morgendämmerung eurer Vernunft um eure Mittagsstunde befestigt?

Wahrlich, was ihr Freiheit nennt, ist die stärkste dieser Ketten, wenn auch ihre Glieder in der Sonne glänzen und eure Augen blenden.

Sind es nicht Teile eures Ichs, die ihr abwerfen wollt, um frei zu werden?

Und ist es ein ungerechtes Gesetz, das ihr abschaffen wollt, so habt ihr es euch eigenhändig auf eure Stirn geschrieben.

Ihr könnt es nicht beseitigen, indem ihr eure Gesetzesbücher verbrennt oder es von der Stirn eurer Richter abwischt, selbst wenn ihr das Meer darauf ausgießen würdet.

Wenn es ein Despot ist, den ihr entthronen wollt, so sorgt zuerst dafür, dass ihr den Thron zerstört, den ihr ihm in eurem Herzen errichtet habt!

Wie könnte ein Tyrann die Freien und Stolzen regieren, wenn es in ihrer Freiheit keine Tyrannei mehr gäbe und in ihrem Stolz keine Schande mehr?

Und ist es eine Sorge, deren ihr euch entledigen wollt, so ist es keine auferlegte, sondern eine von euch selbst gewählte Sorge.

Oder ist es eine Furcht, die ihr vertreiben wollt, so denkt daran, dass sie in eurem Herzen wohnt und nicht in der Hand des Gefürchteten liegt.

Wahrhaftig, all diese Dinge wohnen in eurem Innern in ständiger Verflechtung: das Ersehnte und das Gefürchtete, das Abstoßende und das Anziehende, das Erstrebenswerte und das Abschreckende, dem ihr zu entfliehen sucht.

All dies regt sich in euch wie Licht und Schatten, die einander ergänzen. Verblasst der Schatten aber bis zur Unkenntlichkeit, so wird das verbleibende Licht zum Schatten eines anderen Lichtes.

Und so wird eure Freiheit, wenn sie sich ihrer Fesseln entledigt, zur Fessel einer größeren Freiheit.

## Von Vernunft und Leidenschaft

Und wieder bat die Priesterin: Sprich zu uns von Vernunft und Leidenschaft!

Und er sagte: Eure Seele gleicht oft einem Schlachtfeld, auf dem eure Vernunft und euer Verstand gegen eure Leidenschaft und euer Verlangen zu Felde ziehen.

Könnte ich doch Frieden stiften in eurer Seele und Missklang und Zwietracht in eine harmonische Melodie verwandeln!

Doch wie sollte mir das gelingen, wenn ihr nicht selber Friedensstifter seid, mehr noch, wenn ihr nicht alle Elemente in euch liebt.

Eure Vernunft und eure Leidenschaft sind Ruder und Segel eurer zur See fahrenden Seele.

Wenn Ruder und Segel brechen, könnt ihr nur noch schlingern und euch treiben lassen oder auf hoher See stille stehen.

Regiert die Vernunft alleine, so ist sie eine einengende Kraft, und ist die Leidenschaft Alleinherrscher, so brennt ihr Feuer bis zur Selbstzerstörung.

Darum möge eure Seele die Vernunft zum Gipfel eurer Leidenschaft erheben, auf dass sie singe. Und möge sie eure Leidenschaft mit Vernunft lenken, damit diese ihre tägliche Wiedergeburt erlebe und sich dem Phönix gleich aus der eigenen Asche erhebe.

Ich wünschte mir, dass ihr euren Verstand und euer Verlangen wie zwei liebe Gäste in eurem Haus betrachtet. Gewiss werdet ihr einem Gast nicht mehr Ehre erweisen als dem anderen, denn wer einen seiner Gäste aufmerksamer behandelt, verliert die Liebe und das Vertrauen beider.

Wenn ihr – von Hügeln umgeben – im kühlen Schatten weißer Pappeln sitzt und der Friede und die Heiterkeit ferner Felder und Wiesen euch erfüllen, möge euer Herz denken: Gott ruht in der Vernunft.

Und wenn ein Sturm ausbricht und heftige Winde den Wald erschüttern, wenn Donner und Blitz die Hoheit des Himmels offenbaren, dann möge euer Herz ehrfürchtig sagen: Gott regt sich in der Leidenschaft.

Und da ihr ein Hauch in Gottes Äther seid und ein Blatt in seinem Wald, so sollt auch ihr in der Vernunft ruhen und euch in der Leidenschaft regen!

## Vom Schmerz

Eine Frau bat: Sprich uns vom Schmerz!

Und er sagte: Euer Schmerz ist das Zerbrechen der Schale, die euer Verständnis umschließt.

Wie der Obstkern aufbrechen muss, damit sein Herz die Sonne spürt, so müsst auch ihr den Schmerz empfinden.

Könnte euer Herz immer wieder staunen über die täglichen Wunder des Lebens, so schiene euch der Schmerz nicht weniger wunderbar als die Freude.

Ihr würdet die Jahreszeiten eures Herzens annehmen, wie ihr die Jahreszeiten eurer Felder angenommen habt.

Ihr würdet den Winter eures Kummers gelassen überstehen. Viel von eurem Schmerz ist selbst gewählt.

Er ist die bittere Arznei, mit welcher der Arzt in euch euer krankes Ich heilt.

Traut diesem Arzt und nehmt die Arznei, die er euch verordnet, schweigend und unbesorgt ein!

Denn seine Hand – erscheint sie euch auch schwer und hart – wird von der sanften Hand des Unsichtbaren gelenkt.

Und der Becher, den er euch reicht – wenn er auch eure Lippen verbrennt –, wurde aus dem Ton geformt, den der große Töpfer mit Seinen heiligen Tränen benetzte.

## Von der Selbsterkenntnis

Ein Mann bat: Sprich zu uns von der Selbsterkenntnis!

Und er sagte: Eure Herzen kennen unausgesprochen die Geheimnisse der Tage und der Nächte.

Doch eure Ohren dürsten nach den Klängen des Wissens in euren Herzen.

Ihr wollt in Worten wissen, was ihr insgeheim gewusst.

Ihr wollt den bloßen Körper eurer Träume mit euren Fingern berühren.

Und das ist gut so!

Die verborgene Quelle eurer Seele soll aufsteigen und sich plätschernd ins Meer ergießen.

Und der Schatz in eurer unendlichen Tiefe will für eure Augen sichtbar werden. Doch wiegt eure verborgenen Schätze nicht mit der Waage!

Und lotet die Tiefen eures Wissens nicht mit der Senkschnur aus!

Denn das Ich ist ein Meer ohne Maß und ohne Grenzen.

Sagt nicht: Ich habe die Wahrheit gefunden, sagt vielmehr: Ich habe eine Wahrheit gefunden.

Sagt nicht: Ich habe den Pfad der Seele entdeckt, sagt vielmehr: Ich traf die Seele, als sie auf meinem Pfad ging.

Denn die Seele wandelt auf allen Wegen.

Die Seele bewegt sich nicht auf einer Bahn, noch wächst sie wie ein Schilfrohr.

Die Seele entfaltet sich vielmehr wie eine Lotosblume aus zahllosen Blütenblättern.

## Vom Lehren

Dann bat ein Lehrer: Sprich zu uns vom Lehren!

Und er sagte: Niemand kann euch etwas offenbaren, was nicht schon unbewusst im Dämmern eures Wissens schlummert.

Der Lehrer, der mit seinen Schülern im Schatten des Tempels umhergeht, beschenkt sie nicht mit seiner Weisheit, sondern mit seinem Glauben und seiner Liebe.

Ist er wirklich weise, so lädt er euch nicht ein, das Haus seiner Weisheit zu betreten, sondern er führt euch zur Schwelle eures eigenen Geistes.

Der Sternkundige kann euch sein Verständnis des Weltraums mitteilen, doch kann er euch sein Verständnis nicht geben.

Der Musiker kann euch den Rhythmus des Weltalls vorspielen, aber er vermag es nicht, euch ein Ohr zu geben, das diesen Rhythmus vernimmt, noch eine Stimme, die ihn wiedergibt.

Und wer in der Wissenschaft der Zahlen bewandert ist, der kann euch von der Welt der Gewichte und Maße berichten, doch kann er euch nicht in ihr Reich führen.

Denn die Vision eines Menschen leiht ihre Flügel keinem anderen.

Und wie jeder von euch allein ist in Gottes Wissen, so muss ein jeder auch alleine sein in seinem Wissen von Gott und seinem Verständnis von der Erde.

# Von der Freundschaft

Ein Jüngling bat: Sprich zu uns von der Freundschaft!

Und er sagte: Euer Freund ist die Antwort auf eure Bedürfnisse.

Er ist das Feld, das ihr mit Liebe besät und auf dem ihr mit Dankbarkeit erntet.

Er ist euer Tisch und euer Herd.

Denn ihr kommt zu ihm mit eurem Hunger und sucht Frieden bei ihm.

Wenn euer Freund offen mit euch redet, fürchtet weder das »Nein« eurer Meinung, noch haltet mit dem »Ja« zurück!

Und wenn er schweigt, möge euer Herz nicht aufhören, seinem Herzen zu lauschen.

Denn in der Freundschaft werden alle Gedanken, Wünsche und Erwartungen ohne Worte geboren und geteilt – und mit einer Freude, die keinen Beifall erheischt.

Und wenn ihr vom Freund scheidet, so trauert nicht;

denn was ihr am meisten an ihm schätzt, wird in seiner Abwesenheit klarer hervortreten, ebenso wie dem Bergsteiger der Berg von der Ebene aus deutlicher erscheint.

Und möge eure Freundschaft keinen anderen Zweck verfolgen als die Vertiefung des Geistes.

Denn die Liebe, die etwas anderes sucht als die Offenbarung ihres eigenen Mysteriums, ist keine Liebe, sondern ein ausgeworfenes Netz, mit dem man nur Unnützes und Wertloses einfängt.

Lasst eurem Freund nur das Beste zukommen!

Und wenn er die Ebbe eurer Gezeiten erfährt, so lasst ihn auch eure Flut erleben!

Denn was für ein Freund wäre er, suchtet ihr ihn nur auf, um Stunden totzuschlagen.

Sucht ihn vielmehr auf, um Stunden miteinander zu teilen!

Denn der Freund ist da, um euren Mangel zu beheben, und nicht, um eure Leere zu füllen.

Und zur Süße der Freundschaft geselle sich das Lachen und geteilte Freuden!

Denn im Tau der kleinen Dinge findet das Herz seinen Morgen und seine Erquickung.


## Vom Reden

Und ein Gelehrter bat: Sprich zu uns über das Reden!

Und er sagte: Ihr redet, wenn ihr aufhört, mit euren Gedanken in Frieden zu sein.

Wenn ihr nicht länger in der Einsamkeit eurer Herzen verweilen könnt, lebt ihr in euren Lippen, und in den Worten findet ihr Zerstreuung und Zeitvertreib.

In vielen eurer Reden wird das Denken halbwegs vernichtet. Denn der Gedanke ist ein Vogel im weiten Raum; in einem Käfig aus Worten kann er zwar seine Flügel entfalten, aber nicht fliegen.

Unter euch gibt es manche, die den Redseligen aufsuchen aus Angst vor dem Alleinsein.

Die Stille der Einsamkeit enthüllt ihrem Blick ihr nacktes Ich, dem sie zu entfliehen trachten.

Und es gibt einige, die ohne Wissen und Absicht reden und die in ihren Worten eine Wahrheit offenbaren, die sie selber nicht verstehen.

Andere haben die Wahrheit in ihrem Innern, doch sie können sie nicht in Worte fassen.

In der Brust dieser Menschen wohnt der Geist in harmonischem Schweigen.

Und trefft ihr euren Freund auf der Straße oder auf dem Marktplatz, so soll der Geist in euch eure Lippen bewegen und eure Zunge lenken!

Lasst die Stimme in eurer Stimme zum Ohr seines Ohres sprechen!

Denn seine Seele wird die Wahrheit eures Herzens bewahren wie den Geschmack eines Weines, an den man sich noch lange erinnert;

auch wenn man die Farbe des Weines vergessen hat und der Becher nicht mehr vorhanden ist.

## Von der Zeit

Ein Astronom fragte: Meister, was ist mit der Zeit?

Und er antwortete: Ihr wollt die Zeit messen, die maßlose, unermessliche Zeit.

Nach Stunden und Jahreszeiten wollt ihr euer Leben ausrichten – und selbst euren Geist.

Ihr wollt aus der Zeit einen Strom machen, an dessen Ufern ihr euch niederlasst, um ihn im Vorbeifließen zu betrachten.

Doch das Zeitlose in euch ist sich der Zeitlosigkeit eures Lebens bewusst.

Es weiß, dass das Gestern nur die Erinnerung des Heute ist und das Morgen nur sein Traum.

Und was in euch singt und sinnt, weilt noch innerhalb der Grenzen jenes ersten Augenblicks, der die Sterne in den Weltraum streute.

Wer von euch fühlte nicht, dass die Macht der Liebe grenzenlos ist?

Und dennoch, wer fühlt nicht, dass seine grenzenlose Liebe im Innersten seines Wesens eingeschlossen ist und sich nicht von einem Liebesgedanken zum anderen und von einer Liebestat zur anderen bewegt?

Und ist die Zeit nicht ungeteilt und unbeweglich wie die Liebe?

Doch wenn ihr die Zeit in Jahreszeiten messen müsst, so lasst jede Jahreszeit alle anderen einschließen!

Lasst das Heute die Vergangenheit mit Erinnerung umfangen und die Zukunft mit Sehnsucht!


## Vom Guten und Bösen

Und einer der Stadtältesten bat: Sprich zu uns vom Guten und Bösen!

Und er sagte: Vom Guten in euch kann ich sprechen, nicht aber vom Bösen. Denn was ist das Böse anders als das von Hunger und Durst gemarterte Gute?

Wahrlich, wenn das Gute hungrig ist, sucht es selbst in dunklen Höhlen nach Nahrung; und wenn es durstig ist, stillt es seinen Durst sogar an toten Gewässern.

Ihr seid gut, wenn ihr eins mit euch seid.

Doch wenn ihr nicht eins mit euch seid, seid ihr darum noch nicht schlecht.

Denn ein uneiniges Haus ist noch keine Räuberhöhle; es ist nur ein uneiniges Haus.

Ein Schiff ohne Ruder kann ziellos zwischen gefährlichen Inseln treiben, ohne auf den Meeresgrund zu versinken.

Ihr seid gut, wenn ihr danach strebt, von euch selber zu geben.

Doch seid ihr nicht schlecht, wenn ihr euren Gewinn sucht.

Sucht ihr euren Gewinn, so seid ihr wie eine Wurzel, die sich an die Erde klammert und an ihrer Brust saugt.

Gewiss sollte die Frucht nicht zur Wurzel sagen: Sei wie ich, so reif und voll, und teile aus von deiner Fülle!

Denn für die Frucht ist das Geben Notwendigkeit, so wie für die Wurzel das Empfangen Notwendigkeit ist. Ihr seid gut, wenn ihr hellwach seid in eurer Rede.

Doch seid ihr nicht böse, wenn ihr schlummert, während eure Zunge unbedacht stammelt.

Denn auch eine stockende Rede kann eure schwache Zunge stärken.

Ihr seid gut, wenn ihr festen und kühnen Schrittes euer Ziel verfolgt.

Doch seid ihr nicht schlecht, wenn ihr euch hinkend dem Ziele nähert.

Denn auch die Hinkenden gehen nicht rückwärts.

Ihr Starken und Flinken, gebt Acht, dass ihr nicht vor dem Lahmen hinkt, und es als Freundlichkeit anseht!

Ihr seid in vieler Hinsicht gut; und ihr seid nicht böse, wenn ihr nicht gut seid, sondern nur säumig und träge.

Schade, dass der Hirsch der Schildkröte nicht Schnelligkeit beibringen kann!

In eurer Sehnsucht nach eurem größeren Ich liegt euer Gutsein; und diese Sehnsucht lebt in euch allen.

Doch in einigen von euch ist sie ein reißender Strom, der sich mit Macht ins Meer stürzt, indem er die Geheimnisse der Hügel und die Lieder der Wälder mit sich trägt.

In anderen dagegen ist die Sehnsucht wie ein Rinnsal, das sich in Winkeln und Windungen verliert, bevor es das Ufer erreicht.

Wer aber viel ersehnt, sage nicht zu dem, der wenig ersehnt: Warum bist du so langsam und zögernd?

Denn der wahrhaft Gute fragt nicht den Nackten: Wo ist dein Gewand? und den Obdachlosen: Was ist mit deinem Haus geschehen?

# Vom Beten

Und eine Priesterin bat: Sprich zu uns vom Beten!

Und er sagte: Ihr betet in eurer Bedrängnis und Not; möget ihr auch in der Fülle eurer Freude beten und in den Tagen des Überflusses.

Was ist das Gebet anderes als die Ausweitung eures Ichs in den lebendigen Äther.

Wenn ihr das Dunkle in euch zu eurem Trost in den Weltraum vergießt, so solltet ihr auch zu eurer Freude die Morgenröte eures Herzens dorthin verströmen lassen.

Und wenn ihr nur weinen könnt, wenn eure Seele euch zum Beten einlädt, so sollte sie euch – euren Tränen zum Trotz – so lange zum Gebet anspornen, bis ihr lacht.

Wenn ihr betet, schwingt ihr euch in den Weltraum empor, um denen zu begegnen, die zur gleichen Zeit beten und die ihr nirgendwo anders treffen könnt als im Gebet.

Möge euer Verweilen in diesem unsichtbaren Tempel reine Verzückung und süße Kommunion sein!

Doch solltet ihr diesen Tempel nur zum Bitten betreten, so werdet ihr nicht empfangen.

Und wenn ihr ihn betretet, um euch zu erniedrigen, so werdet ihr nicht erhöht werden.

Es genügt, den unsichtbaren Tempel zu betreten.

Ich kann euch nicht lehren, mit welchen Worten ihr beten sollt.

Gott hört nicht auf eure Worte – es sei denn, dass Er sie selber durch eure Lippen ausspreche.

Auch das Gebet der Meere, Wälder und Berge kann ich euch nicht beibringen.

Ihr aber, Kinder der Berge, Wälder und Meere, ihr werdet ihr Gebet in eurem Herzen finden.

Und wenn ihr in der Stille der Nacht ihrem Schweigen lauscht, so werdet ihr sie sprechen hören:

Unser Gott, der du unser beflügeltes Ich bist;
dein Wille in uns ist es, der will;
dein Wunsch in uns ist es, der wünscht;
deine Kraft in uns ist es, die unsere Nächte, die dein sind,
in Tage verwandelt, die auch dein sind.
Wir brauchen dich um nichts zu bitten, denn du kennst
unsere Bedürfnisse, noch ehe sie in uns geboren werden.
Dich allein brauchen wir; und indem du uns mehr von dir
gibst, gibst du uns alles.

## Von der Sinnenfreude

Dann trat ein Einsiedler vor, der einmal im Jahr die Stadt
aufsuchte, und bat: Sprich zu uns von der Sinnenfreude!
Und er sagte: Sinnenfreude ist ein Lied der Freiheit, aber
nicht die Freiheit.
Sie ist die Blüte eurer Wünsche, aber nicht ihre Frucht.
Sie ist Tiefe, die nach Höhe verlangt, doch ist sie weder
Tiefe noch Höhe.
Sie ist in einem Käfig gefangen und versucht, sich empor-
zuschwingen.
Doch sie ist nicht raumumfassend.
Wahrhaftig, die Sinnenfreude ist ein Lied der Freiheit.
Ich hörte es euch gern aus vollem Herzen singen, doch soll-
tet ihr beim Singen nicht euer Herz verlieren.
Einige eurer jungen Leute suchen sie, als wäre sie alles, und
sie werden deswegen getadelt und verurteilt.
Ich würde sie weder tadeln noch verurteilen, sondern sie
suchen lassen.
Sie werden die Freude finden, aber sie wird nicht allein
sein.
Denn sie hat sieben Schwestern, und die Geringste unter
ihnen übertrifft die Sinnenfreude an Schönheit.

Habt ihr nicht von dem Mann gehört, der in der Erde nach Wurzeln grub und einen Schatz fand?

Einige Ältere unter euch erinnern sich mit Bedauern ihrer Sinnenfreuden, als seien sie in der Trunkenheit begangene Untaten.

Doch Bedauern ist Trübung des Geistes und keine Züchtigung.

Lieber sollten sie sich dankbar ihrer Freuden erinnern, wie man sich an eine Sommerernte erinnert.

Doch wenn ihr Bedauern sie tröstet, so lasst ihnen diesen Trost!

Andere unter euch sind weder jung genug, um zu suchen, noch alt genug, um sich zu erinnern.

Und in ihrer Furcht vor dem Suchen und Erinnern meiden sie alle Sinnenfreude, um den Geist weder zu missachten noch zu beleidigen.

Und selbst im Verzicht finden sie Freude.

So entdecken auch sie einen Schatz, auch wenn sie nur mit zitternden Händen nach Wurzeln graben.

Doch sagt mir, wer vermag es, den Geist zu beleidigen?

Vergeht sich die Nachtigall an der Stille der Nacht oder der Glühwurm am Licht der Sterne?

Wird eure Flamme oder euer Rauch dem Wind etwas aufbürden?

Haltet ihr den Geist für ein stilles Wasser, das ihr mit eurem Stecken in Bewegung bringen könnt?

Indem ihr euch eine Lust versagt, verlagert ihr das Verlangen oft nur in die dunklen Winkel eures Wesens.

Und wer weiß, ob das, was heute unterlassen wird, nicht auf morgen wartet?

Euer Körper kennt sein Erbe und seine berechtigten Bedürfnisse, und er will nicht darum betrogen werden.

Euer Körper ist die Harfe eurer Seele; an euch liegt es, ihr süße Melodien oder verworrene Töne zu entlocken.

Ihr fragt euch nun in eurem Herzen: Wie sollen wir das Gute in unserer Lust von dem unterscheiden, was nicht gut ist?

Geht hinaus auf eure Felder; ihr werdet sehen, dass es für die Biene eine Lust ist, den Honig der Blumen zu sammeln.

Ebenso ist es für die Blume eine Lust, der Biene ihren Honig zu überlassen.

Denn für die Biene ist die Blume ein Quell des Lebens.

Und für die Blume ist die Biene eine Botin der Liebe.

Für beide, für die Biene und die Blume, ist Geben und Empfangen der Sinnenfreuden zugleich Bedürfnis und Ekstase.

Leute von Orphalese, seid in eurer Lust wie Blumen und Bienen!

## Von der Schönheit

Und ein Dichter trat hervor und bat: Sprich zu uns von der Schönheit!

Und er sagte: Wo solltet ihr die Schönheit suchen, und wie könntet ihr sie finden, wenn sie euch nicht selber Fährte und Wegweiser wäre!

Und wie könntet ihr über sie reden, wenn sie nicht selber eure Worte webte!

Die Enttäuschten und Verletzten sagen: Die Schönheit ist gütig und sanft. Wie eine Mutter bewegt sie sich unter uns – ihrer Herrlichkeit wegen ein wenig verlegen.

Die Leidenschaftlichen halten dagegen: Die Schönheit ist voller Macht und Schrecken!

Wie ein Sturm erschüttert sie die Erde unter uns und den Himmel über uns!

Die Müden und Matten wollen wissen: Schönheit ist ein sanftes Flüstern in unserem Geist.

Ihre Stimme fügt sich unserem Schweigen wie ein schwaches Licht, das aus Furcht vor dem Schatten zittert.

Die Ruhelosen behaupten: Wir hörten sie in den Bergen rufen.

Und ihr Rufen war begleitet von Hufeschlagen, Flügelrauschen und Löwengebrüll.

In der Nacht sagen die Wächter der Stadt: Die Schönheit wird mit der Morgenröte im Osten erscheinen.

Und die Arbeiter und Wanderer sagen zur Mittagszeit: Wir haben gesehen, wie sie sich aus den Fenstern der Abendröte über die Erde neigte.

Im Winter sagen die Eingeschneiten: Sie wird mit dem Frühling kommen und von Hügel zu Hügel hüpfen.

Und die Schnitter sagen in der Sommerhitze: Wir sahen sie mit den Herbstblättern tanzen, und Schneeflocken schmückten ihr Haar.

All dies habt ihr über die Schönheit gesagt.

In Wirklichkeit spracht ihr nicht von ihr, sondern von euren unbefriedigten Bedürfnissen.

Doch Schönheit ist kein Bedürfnis, sondern Ekstase.

Sie ist kein dürstender Mund und keine ausgestreckte leere Hand.

Vielmehr ist sie ein entflammtes Herz und eine verzauberte Seele.

Sie ist weder das Bild, das ihr sehen wollt, noch das Lied, das ihr hören wollt.

Sie ist eher ein Bild, das ihr seht, obgleich eure Augen geschlossen, und ein Lied, das ihr hört, obwohl eure Ohren verschlossen sind. Sie ist weder der Saft in schrundiger Rinde noch ein an eine Klaue gehefteter Flügel.

Vielmehr ist sie ein Garten, der immer blüht, und eine Engelschar in stetigem Flug.

Leute von Orphalese, Schönheit ist Leben, wenn es sein heiliges Antlitz entschleiert.

Doch ihr seid das Leben, und ihr seid der Schleier.

Schönheit ist Ewigkeit, die sich im Spiegel betrachtet.

Doch ihr seid die Ewigkeit, und ihr seid der Spiegel.

## Von der Religion

Ein alter Priester bat: Sprich zu uns über die Religion!

Und er entgegnete: Habe ich heute denn von etwas anderem gesprochen?

Sind nicht alle Taten und jede Betrachtung Religion?

Und ist sie nicht zugleich weder Tat noch Betrachtung, sondern Wunder und Staunen, das dauernd aus der Seele quillt, auch während die Hände den Stein behauen oder den Webstuhl bedienen.

Wer kann seinen Glauben von seinen Taten trennen oder sein Vertrauen von seinen Beschäftigungen?

Wer kann seine Stunden vor sich ausbreiten und sagen: Dies ist für Gott und das für mich, oder dieses ist für meine Seele und jenes für meinen Körper.

All eure Stunden sind Flügel, die durch den Raum schweben – von Ich zu Ich.

Wer seine Moral nur als Festtagsgewand trägt, täte besser daran, nackt zu bleiben.

Wind und Sonne werden seine Haut nicht durchbohren.

Und wer seinen Lebenswandel nach Sittenlehren ausrichtet, sperrt seinen Singvogel in einen Käfig.

Das schönste und freieste Lied erklingt nicht hinter Gittern und Drahtgeflecht.

Für wen der Gottesdienst ein Fenster ist, das man beliebig öffnen und schließen kann, der ist noch nicht ins Haus seiner Seele eingekehrt, dessen Fenster von Morgenröte zu Morgenröte offen stehen.

Euer tägliches Leben ist euer Tempel und eure Religion.

Wann immer ihr ihn betretet, bringt alles von euch mit:
Bringt den Pflug und den Amboss mit, den Hammer und
die Laute!
Dinge, die ihr aus Notwendigkeit oder zur Freude geschaffen habt.
Denn in eurer Frömmigkeit könnt ihr euch nicht über eure
Leistungen erheben und nicht tiefer fallen als bis zu eurem
Versagen.
Und nehmt alle Menschen mit euch!
In Anbetung könnt ihr nicht höher fliegen als ihre Hoffnungen noch tiefer sinken als ihre Verzweiflung.
Und wenn ihr zur Erkenntnis Gottes gelangen wollt, bildet
euch nicht ein, die Rätsel lösen zu können!
Schaut euch lieber um, und ihr werdet sehen, wie Er mit
euren Kindern spielt.
Schaut empor in den Weltraum, und ihr werdet ihn in den
Wolken gehen sehen, wie Er seine Arme im Blitz ausbreitet
und im Regen herabsteigt.
Ihr werdet sehen, wie Er in den Blumen lächelt, aufsteigt
und euch aus den Bäumen zuwinkt.


## Vom Tod

Dann sagte al-Mitra: Wir möchten dich nun bitten, über
den Tod zu sprechen!
Und er sprach: Ihr möchtet das Geheimnis des Todes
kennen.
Wie wollt ihr es kennen, wenn ihr nicht im Herzen des Lebens danach sucht?
Die Eule, deren nachtsehende Augen am Tag blind sind,
kann das Geheimnis des Lichtes nicht entschleiern.
Wenn ihr wirklich den Geist des Todes betrachten wollt, so
öffnet eure Herzen weit dem Körper des Lebens!

Denn Leben und Tod sind eins, so wie Fluss und Meer eins sind.

In der Tiefe eures Hoffens und Wünschens liegt euer stillschweigendes Wissen vom Jenseits.

Und dem Samen gleich, der unter dem Schnee träumt, träumt euer Herz vom Frühling.

Traut euren Träumen, denn sie zeigen euch das Tor zur Ewigkeit.

Eure Angst vor dem Tod ist nur das Zittern des Hirten, wenn er vor dem König steht, der ihm seine Hand auflegt zum Zeichen der Wertschätzung.

Ist dieser Hirte nicht unter seinem Zittern voller Freude über das Zeichen des Königs, das er trägt?

Und ist er sich deshalb seines Zitterns weniger bewusst?

Was bedeutet Sterben anderes, als nackt im Wind zu stehen und in der Sonne zu schmelzen?

Und was bedeutet das Stocken des Atems anderes als seine Befreiung vom rastlosen Auf und Ab der Gezeiten, um sich zu erheben und zu entfalten und ungehindert Gott zu suchen.

Nur wenn ihr vom Fluss des Schweigens trinkt, werdet ihr wahrhaft singen;

erst wenn ihr den Berggipfel erklommen habt, werdet ihr anfangen, emporzusteigen.

Und erst wenn die Erde eure Glieder zurückgefordert hat, werdet ihr wahrhaft tanzen.

# Der Abschied

Nun war es Abend geworden.

Und die Seherin al-Mitra sagte: Gesegnet sei dieser Tag und dieser Ort und dein Geist, der zu uns gesprochen hat. Er entgegnete: War ich es, der gesprochen hat? War ich nicht auch Zuhörer?

Dann stieg er die Stufen des Tempels hinab, und alle folgten ihm. Er erreichte sein Schiff und verweilte auf dem Deck.

Von dort wandte er sich noch einmal an die Menschenmenge und sprach:

Leute von Orphalese, der Wind gebietet mir, euch zu verlassen. Ich habe es weniger eilig als der Wind; doch muss ich aufbrechen.

Wir Wanderer, die immer den einsameren Weg suchen, wir beginnen keinen Tag, wo wir den vorausgegangenen beendet haben; und keine Morgenröte trifft uns da, wo der Sonnenuntergang uns verließ.

Selbst wenn die Erde schläft, sind wir auf Wanderschaft.

Wir sind die Samen einer beharrlichen Pflanze; in der Reife und Fülle des Herzens sind wir dem Wind anheim gegeben, der uns zerstreut.

Kurz waren meine Tage in eurer Mitte, und kürzer noch die Worte, die ich zu euch sprach.

Doch sollte meine Stimme in eurem Ohr verklingen und meine Liebe in eurer Erinnerung verblassen, dann werde ich wiederkehren.

Und ich werde zu euch sprechen mit reicherem Herzen und mit Lippen, die dem Geist willfähriger sind.

Ja, ich werde mit der Flut zurückkehren.

Wenn mich auch der Tod verbirgt und das große Schweigen mich einhüllt, so werde ich gleichwohl euer Verständnis wieder suchen.

Und ich werde nicht vergeblich suchen.

Wenn etwas von dem, was ich sagte, wahr ist, so wird sich diese Wahrheit mit klarerer Stimme offenbaren und mit Worten, die eurem Denken angemessener sind.

Ich breche auf mit dem Wind, Leute von Orphalese; doch nicht in die Leere geht meine Reise.

Und war dieser Tag keine Erfüllung eurer Bedürfnisse und meiner Liebe, so sei er Verheißung für einen anderen Tag.

Die Bedürfnisse des Menschen ändern sich, nicht aber seine Liebe, und auch nicht der Wunsch, dass diese Liebe seine Bedürfnisse befriedige.

Wisset also, dass ich aus dem größeren Schweigen zurückkehren werde.

Der Nebel, der sich beim Morgenrot auflöst und Felder und Wiesen betaut, wird aufsteigen, sich zur Wolke verdichten und wieder als Regen herabfallen.

Ich war nicht viel anders als der Nebel.

In der Stille der Nacht ging ich durch eure Straßen, und mein Geist kehrte in eure Häuser ein.

Euer Herzklopfen fand ein Echo in meinem Herzen, euer Atem berührte mein Gesicht, und ich kannte euch alle.

Ja,eure Freuden und eure Leiden kannte ich, und eures Schlafes Träume waren meine Träume.

Oft war ich unter euch wie ein See zwischen Bergen.

In mir spiegelten sich eure Gipfel, eure steilen Abhänge und die vorbeiziehenden Herden eurer Gedanken und Wünsche.

Und an meine stillen Ufer drang das Lachen eurer Kinder – Sturzbächen gleich – und – Flüssen gleich – die Sehnsucht eurer Jugendlichen.

Als diese Sturzbäche und Flüsse mein Inneres erreichten, fuhren sie fort zu singen.

Und etwas erreichte mich, das süßer ist als das Lachen und größer als die Sehnsucht.

Es war das Grenzenlose in euch;
der allumfassende Mensch, in dem ihr alle nichts als Zellen und Sehnen seid.
Gemessen an seinem Gesang ist euer Singen nichts als tonloses Klopfen.
In Ihm, dem Allumfassenden, seid auch ihr allumfassend.
Und indem ich Ihn anschaute, sah ich euch und liebte euch.
Welches Ausmaß könnte eine Liebe haben, die sich nicht im allumfassenden Raum befände?
Welche Visionen, Erwartungen und Mutmaßungen könnten sich höher aufschwingen?
Der allumfassende Mensch in euch ist wie eine riesige Eiche voller Apfelblüten.
Seine Kraft bindet euch an die Erde, sein Duft erhebt euch in den Kosmos, und in seiner Dauerhaftigkeit seid ihr unsterblich.
Euch ist gesagt worden, dass ihr – wie bei einer Kette – so schwach seid wie euer schwächstes Glied.
Doch dies ist nur die halbe Wahrheit. Ihr seid auch so stark wie euer stärkstes Glied.
Euch nach eurer geringsten Tat zu beurteilen, hieße, die Macht des Meeres nach der Zartheit seiner Gischt zu bewerten.
Euch nach euren Versäumnissen zu beurteilen, hieße, den Jahreszeiten ihre Unbeständigkeit vorzuhalten.
Wahrlich, ihr seid dem Meer gleich.
Und warten auch fest verankerte Schiffe an euren Ufern auf die Flut, so könnt ihr eure Flut dennoch nicht beschleunigen.
Und auch den Jahreszeiten gleicht ihr.
Wenn ihr auch in eurem Winter euren Lenz verleugnet, so ruht er dennoch in euch, schlaftrunken lächelnd – ohne sich verletzt zu fühlen.

Glaubt nicht, dass ich euch all dies erzähle, damit ihr einander sagt: Er lobte uns und sah nur Gutes in uns.

Ich fasse nur in Worte, was ihr in eurem tiefsten Innern wisst.

Und was ist ein in Worte gefasstes Wissen anderes als ein Schatten des wortlosen Wissens?

Eure Gedanken und meine Worte sind Wellen eines versiegelten Gedächtnisses, in dem unser Gestern aufgezeichnet ist,

ebenso wie die längst vergangenen Tage, als die Erde weder uns noch sich selbst kannte,

und die vergangenen Nächte, als auf Erden Chaos herrschte.

Weise kamen zu euch und bescherten euch von ihrer Weisheit. Ich aber kam, um mich von eurer Weisheit beschenken zu lassen.

Und seht, ich fand, was größer ist als Weisheit:

In euch flammt ein Geist, der sich immer weiter ausbreitet, während ihr – seine Ausbreitung nicht wahrnehmend – das Dahinwelken eurer Tage beklagt.

Nur das Leben, welches das Leben im Körper sucht, fürchtet das Grab.

Hier gibt es keine Gräber.

Diese Berge und Täler sind Wiege und Sprungbrett.

Immer wenn ihr an dem Flecken Erde vorüberkommt, wo ihr eure Vorfahren bestattet habt, schaut gut hin, und ihr werdet euch und eure Kinder Hand in Hand tanzen sehen.

Ja, oft seid ihr fröhlich, ohne es zu wissen.

Andere kamen zu euch mit goldenen Verheißungen, die sie an euer Vertrauen richteten; eure Gegengabe bestand nur in Reichtum, Macht und Ruhm.

Ich gab euch weniger als ein Versprechen, und doch wart ihr freigebiger zu mir.

Ihr gabt mir meinen tieferen Durst nach Leben.

Und sicher gibt es kein größeres Geschenk für einen Menschen als das, was all seine Ziele in dürstende Lippen verwandelt und sein Leben in einen sprudelnden Quell.

Und darin liegt meine Ehre und meine Belohnung:

Immer wenn ich zum Trinken an diese Quelle komme, finde ich das lebendige Wasser selber durstig.

Und während ich es trinke, trinkt es mich.

Einige von euch hielten mich für zu stolz und scheu, um Geschenke anzunehmen.

In der Tat bin ich zu stolz, um Lohn zu empfangen – nicht aber, um Geschenke anzunehmen.

Und labte ich mich auch lieber an Beeren in den Hügeln, wenn ihr mich an euren Tisch geladen hattet,

und schlief ich in der Vorhalle des Tempels, wenn ihr mich beherbergen wolltet,

so war es doch eure liebevolle Sorge um meine Tage und Nächte, die mir die Nahrung im Mund versüßte und meinen Schlaf mit Visionen bereicherte.


Am meisten segne ich euch dafür:

dass ihr viel gebt, ohne es zu wissen.

Wahrhaftig, die Freundlichkeit, die sich im Spiegel betrachtet, erstarrt zu Stein.

Und die gute Tat, die sich selber rühmende Namen zulegt, ist des Fluches Mutter.

Einige von euch haben mich unnahbar und in meine Einsamkeit vernarrt genannt.

Ihr sagtet: Er berät sich mit den Bäumen des Waldes – nicht mit den Menschen.

Er sitzt allein auf dem Bergesgipfel und schaut auf unsere Städte hinab.

Es ist wahr, dass ich die Berge erklomm und in fernen Gegenden wanderte.

Wie hätte ich euch sonst sehen können, wenn nicht aus großer Höhe oder weiter Ferne?

Und wie kann man wirklich nahe sein, wenn man nicht fern ist?

Einige unter euch rügten mich wortlos, und sie sagten:

Fremder, Fremder, Liebhaber unerreichbarer Höhen, warum hältst du dich auf Bergeshöhen auf, wo Adler ihre Nester bauen?

Warum suchst du das Unerreichbare?

Welche Stürme willst du in deinem Nest einfangen? Und welche Nebelvögel willst du am Himmel jagen?

Komm, und sei einer von uns!

Steig herab! Stille deinen Hunger an unserem Brot, und lösche deinen Durst mit unserem Wein!

So sprachen sie in der Einsamkeit ihrer Seelen.

Doch wäre ihre Einsamkeit tiefer gewesen, so hätten sie gewusst, dass ich nichts anderes suchte als das Geheimnis eurer Freuden und Leiden.

Ich jagte nur nach eurem größeren Ich, das am Himmel schwebt.

Und der Jäger war zugleich der Gejagte; denn viele meiner Pfeile verließen meinen Bogen, um auf meine eigene Brust zu zielen.

Und der Fliegende war auch der Kriechende; denn als ich meine Flügel in der Sonne ausbreitete, war ihr Schatten auf der Erde eine Schildkröte.

Und der Gläubige war zugleich ein Zweifelnder; denn oft legte ich den Finger in meine Wunde, damit mein Glaube an euch erstarke und mein Wissen über euch zunehme.

Mit diesem Glauben und diesem Wissen sage ich euch:

Ihr seid nicht gefangen in eurem Körper und nicht eingesperrt in eure Häuser und Höfe.

Euer wahres Ich wohnt über den Bergen und streift mit dem Wind umher.

Euer Ich ist kein Wesen, das in die Sonne kriecht, um sich zu wärmen, oder Höhlen ins Dunkle gräbt, um sich zu schützen.

Es ist vielmehr ein freies Wesen, ein Geist, der die Erde umgibt und sich im Äther bewegt.

Sind diese Worte unklar, so sucht nicht nach Erklärungen!

Unklar und nebelhaft ist der Beginn aller Dinge – nicht aber ihr Ende.

Es wäre mir lieb, ihr würdet mich als Anfang erinnern.

Das Leben und alles, was lebt, wird im Nebel empfangen – nicht im Kristall.

Und wer weiß, vielleicht ist der Kristall nichts anderes als erstarrter Nebel.

Möget ihr euch an Folgendes erinnern, wenn ihr meiner gedenkt:

Was in euch am schwächsten und verworrensten erscheint, ist das Stärkste und Entschiedenste.

Ist es nicht euer Atem, der euer Rückgrat aufrecht hält und stärkt? Und ist es nicht ein Traum, an den sich niemand mehr erinnert, der eure Stadt aufbaute und alles schuf, was in ihr ist?

Könntet ihr nur die Fluten dieses Atems sehen, ihr würdet alles andere keines Blickes mehr würdigen.

Und könntet ihr das Flüstern dieses Traumes vernehmen, so würdet ihr nichts anderes mehr hören wollen.

Doch ihr seht nicht, und ihr hört nicht, und das ist gut so.

Der Schleier, der eure Augen bedeckt, wird gelüftet werden von den Händen, die ihn woben.

Und der Lehm, der eure Ohren verstopft, wird durchbohrt werden von den Fingern, die ihn kneteten.

Ihr werdet sehen;

und ihr werdet hören.

Doch ihr werdet weder bedauern, dass ihr blind wart, noch beklagen, dass ihr taub wart.

Denn der Sinn, der sich hinter allen Dingen verbirgt, wird euch an jenem Tag offenbar werden.

Und ihr werdet die Dunkelheit ebenso segnen, wie ihr das Licht segnet.


Nachdem er dies gesagt hatte, blickte er sich um, und er sah den Lotsen seines Schiffes am Steuerrad stehen und bald auf die Segel, bald in die Ferne blicken.

Und er sagte: Geduldig, überaus geduldig ist der Steuermann meines Schiffes.

Der Wind weht, und rastlos flattern die Segel;

und das Steuerruder will betätigt werden;

dennoch wartet er geduldig, bis ich schweige.

Und diese Seeleute, die den Ruf der weiten See vernommen haben, auch sie hörten mir geduldig zu.

Nun aber sollen sie nicht länger warten müssen.

Ich bin bereit.

Der Strom hat das Meer erreicht, und wieder hält die große Mutter ihren Sohn an ihrer Brust.


Lebt wohl, Leute von Orphalese!

Dieser Tag ist zu Ende.

Er schließt sich über uns, wie sich die Wasserlilie bis zum nächsten Morgen schließt.

Was er uns brachte, werden wir im Gedächtnis aufbewahren.

Und wenn es nicht genügt, werden wir wieder zusammenkommen und unsere Hände nach dem Geber ausstrecken.

Vergesst nicht, dass ich zu euch zurückkehren werde!

Eine kleine Weile noch, ein kurzes Rasten auf dem Wind, und eine andere Frau wird mich gebären.

Lebt wohl, Leute von Orphalese und du, Zeit der Jugend, die ich bei euch verbrachte.

Erst gestern begegneten wir uns im Traum.

Ihr sanget für mich in meiner Einsamkeit, und ich baute aus eurer Sehnsucht einen Turm in den Himmel.

Doch nun ist unser Schlaf entflohen, unser Traum ist aus, und die Morgendämmerung ist schon vorüber.

Es ist Mittagszeit; aus unserem Halbschlaf wurde ein heller Tag, und wir müssen Abschied nehmen.

Wenn wir uns im Dämmerlicht der Erinnerung wieder begegnen, werden wir wieder miteinander reden, und ihr werdet mir ein tieferes Lied singen.

Und wenn sich unsere Hände im Traum begegnen, werden wir einen anderen Turm in den Himmel bauen.

Indem er dies sagte, gab er den Seeleuten ein Zeichen, und sogleich lichteten sie den Anker, lösten die Vertäuung und brachen gen Osten auf.

Da erhob sich aus der Menschenmenge ein Schrei wie aus einer Brust, stieg in die Dämmerung auf und ergoss sich wie ein gewaltiger Fanfarenstoß über das Meer.

Nur al-Mitra schaute schweigend dem Schiff nach, bis der Nebel es aufgenommen hatte.

Und als sich die Menschenmenge zerstreut hatte, stand sie immer noch einsam am Strand, und in ihrem Herzen erinnerte sie sich seiner Worte:

»Eine kleine Weile noch, ein kurzes Rasten auf dem Wind, und eine andere Frau wird mich gebären.«

# Die Rückkehr des Propheten

Almustafa, der Erwählte und Geliebte, der seiner Zeit als Mittag des Lebens galt, kehrte im Monat Tischrin[1] auf die Insel zurück, wo er das Licht der Welt erblickt hatte.

Als sein Schiff den Hafen erreichte, stand er am Bug, umgeben von den Seeleuten. Und Freude über die Heimkehr erfüllte sein Herz.

Mit einer Stimme, in der das Meer nachhallte, sagte er: Seht die Insel unserer Geburt! Hier hat uns die Erde hervorgebracht – als Lied und als Rätsel; als Lied für den Himmel und als Rätsel für die Erde. Und welche Macht zwischen Himmel und Erde könnte das Lied emportragen und das Rätsel lösen, wenn nicht die Liebe?

Einmal mehr bringt uns die See an diese Küste zurück. Wir sind nur eine ihrer Wellen. Sie sendet uns aus, ihre Botschaft zu verkünden; doch wie sollen wir dies tun, ohne die Symmetrie unseres Herzens aufzubrechen zwischen Felsen und Sand?

Denn dies ist das Gesetz der Seefahrer: Wenn ihr die Freiheit sucht, müsst ihr zu Nebel werden. Das Formlose strebt immer nach Form, so wie die zahlreichen Nebel danach streben, Sonnen und Monde zu werden. Und wir, die wir lange suchten und nun in fest umrissener Gestalt auf diese Insel zurückkehren, müssen wieder zu Nebel werden und von den Anfängen lernen. Was könnte leben und sich zu den Höhen aufschwingen, wenn es nicht zuvor gebrochen wird vom Leid und von der Freiheit? Immer werden wir auf der Suche nach den Küsten sein, wo wir singen und wo unser Gesang gehört wird. Doch was ist mit der Welle, die

---

1  Oktober

bricht, ohne dass ein Ohr es vernimmt? Es ist das Ungehörte in uns, das uns Kummer bereitet. Und es ist das Ungehörte, das unserer Seele Form verleiht und unser Geschick gestaltet.

Da trat einer der Seeleute auf ihn zu und sagte: Meister, du hast unsere Sehnsucht nach diesem Hafen entfacht und bestärkt. Und siehe da, kaum sind wir hier, da sprichst du von Leid und gebrochenen Herzen.

Er entgegnete: Sprach ich nicht auch von Freiheit und vom Nebel, der unsere größere Freiheit ist? Doch gebe ich zu, dass ich auch Trauer empfinde auf meiner Pilgerfahrt zu der Insel meiner Geburt, und ich fühle mich wie der Geist eines Erschlagenen, der zurückkehrt, um vor denjenigen zu knien, die ihn erschlugen.

Ein anderer Seemann sagte: Sieh die Menschen am Kai. Sie haben den Tag und die Stunde deines Kommens vorausgeahnt, und sie verließen ihre Felder und Weinberge in dem Verlangen, dich willkommen zu heißen.

Almustafa schaute auf die Menschenmenge in der Ferne; er wurde sich ihrer großen Sehnsucht bewusst und schwieg.

Da erhob sich ein Schrei aus der Menge, ein Schrei der Wiedersehensfreude und der Erwartung.

Er blickte auf die Seeleute und sprach: Was habe ich ihnen mitgebracht? Ich war ein Jäger in fernen Landen. Zielsicher und kraftvoll verschleuderte ich die goldenen Pfeile, die sie mir gaben, und machte doch keine Beute. Ich folgte nicht einmal den Pfeilen. Vielleicht fliegen sie jetzt unter der Sonne, in den Flügeln verwundeter Adler, die nicht auf die Erde fallen wollen; oder sie sind in die Hände von Menschen gelangt, die ihrer bedurften, damit sie Brot und Wein hätten. Ich weiß nicht, was ihnen während des Fluges widerfahren ist, aber ich weiß, sie haben ihre Bahnen am Himmel gezogen.

Doch die Hand der Liebe ruht auf mir und ihr Seeleute habt mich und meine Vision an diese Küste gelenkt, darum werde ich nicht stumm bleiben. Ich werde laut reden, wenn sich die Hand der Jahreszeiten auf meine Kehle legt, und ich werde meine Worte singen, wenn meine Lippen brennen.

Sie waren ergriffen in ihren Herzen, als er so sprach, und einer von ihnen sagte: Meister, lehre uns alles! Vielleicht werden wir dich verstehen, denn dein Blut fließt in unseren Adern, und in unseren Atem mischt sich dein Wohlgeruch. Darauf antwortete er ihnen mit einer Stimme, in der man den Wind wehen hörte: Habt ihr mich auf die Insel meiner Geburt zurückgebracht, damit ich euer Lehrer sei? Bis jetzt bin ich noch kein Gefangener der Weisheit. Zu jung und unerfahren bin ich, um von etwas anderem zu sprechen als von mir selbst und meinem Herzen, das nach mehr Tiefe ruft.

Lasst den, der nach Weisheit sucht, sie in der Butterblume finden oder in einer Hand voll Tonerde. Ich bin immer noch ein Singender. Immer wieder werde ich die Erde besingen wie unsere verlorenen Träume, die unsere Tage heimsuchen zwischen einem Schlaf und dem anderen.

Und das Schiff lief in den Hafen ein und erreichte die Kaimauer. Almustafa betrat die Insel seiner Geburt und stand wieder unter seinen Landsleuten. Aus ihrer Menge erscholl lautes Rufen, so dass die Einsamkeit in seinem Herzen verflog.

Alle warteten gespannt auf ein Wort, doch er schwieg, denn die Erinnerung überfiel ihn und stimmte ihn traurig. Und er sagte zu sich: Habe ich geglaubt, dass ich singen werde? Nein, ich kann nur meinen Mund öffnen, damit die Stimme des Lebens daraus hervortrete und sich mit dem Wind vermische zur Freude und zum Trost der Zuhörer. Da sagte Karima, mit der er im Garten seiner Mutter gespielt hatte, als sie Kinder waren: Zwölf Jahre lang hast du dein Antlitz vor uns verborgen, und zwölf Jahre lang haben wir nach deiner Stimme gehungert und gedürstet.

Er sah sie mit unermesslicher Zärtlichkeit an, denn sie hatte die Augen seiner Mutter geschlossen, als die weißen Schwingen des Todes sie umfingen.

Und er antwortete ihr: Zwölf Jahre? Sagtest du zwölf Jahre, Karima? Ich maß meine Sehnsucht nicht mit dem Sternenrohr und ihre Tiefe nicht mit dem Lot. Denn die Liebe und erst recht das Heimweh denken nicht daran, Zeit zu messen oder auszuloten.

Es gibt Momente, die erscheinen uns wie Ewigkeiten der Trennung. Doch was ist Abschied anderes als eine Erschöpfung des Geistes, und vielleicht waren wir gar nicht getrennt?

Almustafa blickte auf die Menschenmenge, und er sah sie alle: die Jungen und die Alten, die Starken und die Schwachen, die von Sonne und Wind Gebräunten und solche blasser Hautfarbe. Und auf all ihren Gesichtern leuchtete die Sehnsucht neben fragenden Blicken.

Einer von ihnen sagte: Meister, das Leben hat unsere Hoffnungen und Wünsche bitter enttäuscht. Wir sind beunruhigt, und wir verstehen nicht warum. Ich flehe dich an, tröste uns und enthülle uns den Sinn unseres Leids!

Sein Herz war von Mitleid bewegt, und er sagte: Das Leben ist älter als alle Lebewesen; die Schönheit erstrahlte, bevor das Schöne auf Erden Gestalt annahm, und das Wahre war Wahrheit, ehe es ausgesprochen wurde.

Das Leben singt in unserem Schweigen, und es träumt in unserem Schlaf. Selbst wenn wir betrübt und niedergeschlagen sind, triumphiert das Leben in uns. Und wenn wir weinen, dann lächelt es in den Tag, und es bleibt frei, selbst wenn wir gefesselt sind. Oft nennen wir das Leben trist, doch nur, wenn wir selber traurig und bitter sind;

und oft halten wir es für nutzlos und leer, doch nur, wenn unsere Seelen sich an trostlosen Plätzen aufhalten und wenn das Herz trunken ist von Selbstüberschätzung.

Das Leben ist tief, prächtig und weit; und obgleich eure Visionen nur seine Fußspitzen erreichen können, ist es uns doch nahe; und wenn auch nur der Hauch eures Atems sein Herz erreicht, so streift doch der Schatten eures Schattens sein Gesicht, und der Widerhall eures leisesten Rufens wird in seiner Brust zu Frühling und Herbst.

Und das Leben ist verhüllt wie euer größeres Selbst. Doch wenn das Leben zu sprechen beginnt, so werden alle Winde zu Worten, und wenn es weiter spricht, verwandelt es das Lächeln auf euren Lippen und die Tränen in euren Augen zu Worten. Und wenn das Leben singt, so hören es Taube und sind ergriffen; wenn es sich langsam nähert, so sehen es Blinde und folgen ihm voller Staunen.

Er beendete seine Rede, und Schweigen ergriff die Menge; und das Schweigen enthielt ein lautloses Lied und sie waren getröstet in ihrer Betrübnis.


Und er verließ sie und begab sich auf den Pfad zu seinem Garten; es war der Garten seiner Mutter und seines Vaters, in dem diese an der Seite ihrer Vorfahren ruhten.

Einige hatten ihm folgen wollen, als sie sahen, dass er alleine an seine Heimstatt zurückkehrte und dass niemand da war, um ihm ein Wiedersehensfest auszurichten, wie es im Lande Brauch war.

Doch der Kapitän des Schiffes hatte sie daran gehindert und gesagt: Lasst ihn alleine gehen, denn er nährt sich vom Brot der Einsamkeit und in seinem Becher ist der Wein der Erinnerung, den er alleine trinken möchte.

Die Seeleute blieben stehen, denn sie verstanden, dass der Kapitän Recht hatte und dass es sich so verhielt, wie er sagte. Und alle, die sich am Kai versammelt hatten, um ihn zu erwarten, nahmen Abstand davon, ihn zu begleiten.

Nur Karima folgte ihm eine kurze Wegstrecke, im Verlangen, seine Einsamkeit und seine Erinnerung zu teilen. Doch sie schwieg, und bald wandte sie sich ihrem eigenen Haus zu, und im Garten, unter dem Mandelbaum, begann sie zu weinen, ohne zu wissen warum.


Almustafa erreichte den Garten seiner Mutter und seines Vaters; er betrat ihn und schloss das Tor hinter sich, damit ihm keiner folgen konnte.

Vierzig Tage und vierzig Nächte blieb er allein in diesem Haus und in diesem Garten. Niemand kam zu dem Tor, das er geschlossen hatte; alle wussten, dass er allein sein wollte.

Und als die vierzig Tage und Nächte vorüber waren, öffnete Almustafa das Tor für diejenigen, die eintreten wollten.

Und es kamen neun Männer zu ihm in den Garten: drei Seeleute seines Schiffes, drei Tempeldiener und drei Kameraden, mit denen er in der Kindheit gespielt hatte. Diese wurden seine Schüler.

Eines Morgens saßen seine Schüler um ihn versammelt, während seine Blicke in die Ferne schweiften. Da sagte einer von ihnen, Hafiz mit Namen: Meister, erzähl uns von der Stadt Orphalese und von dem Land, in dem du zwölf Jahre lang weiltest!

Almustafa verharrte schweigend, während er zu den fernen Hügeln blickte und in den weiten Himmelsraum, und sein Schweigen verbarg eine innere Spannung.

Nach einer Weile sagte er: Meine Freunde und Weggefährten! Bedauernswert ist eine Nation, die voller Überzeugungen ist, aber ohne Religion.

Bedauernswert ist ein Volk, dessen Bewohner Kleider tragen, die sie nicht selber woben, die ein Brot essen, dessen Getreide sie nicht selber ernteten, und die einen Wein trinken, den sie nicht selber kelterten.

Bedauernswert ist ein Volk, das den Despoten zum Helden erklärt und den Eroberer für wohltätig hält.

Bedauernswert ist ein Volk, das im Traum eine Leidenschaft verschmäht, der es sich wachend ergibt.

Bedauernswert ist ein Volk, das seine Stimme nicht erhebt, es sei denn beim Begräbnis; das nichts außer seinen Ruinen rühmt und nicht rebelliert, es sei denn, sein Nacken liegt bereits zwischen Schwert und Richtblock.

Bedauernswert ist das Volk, dessen Staatsmann ein Fuchs ist, dessen Philosoph ein Schwindler und dessen Kunst aus Nachahmung besteht.

Bedauernswert ist ein Volk, das einen neuen Herrscher mit Trompetenklang empfängt und ihn mit Hohngelächter verabschiedet, um einen wiederum neuen Herrscher mit Trompetenklang zu empfangen.

Bedauernswert ist ein Volk, darin die Weisen im Alter verstummen, während seine starken Männer noch in der Wiege liegen.

Bedauernswert ist ein Volk, das gespalten ist, so dass sich jeder Teil für ein eigenes Volk hält.


Ein anderer Schüler sagte: Sprich zu uns über das, was dich im Augenblick bewegt!

Almustafa sah diesen Mann an, und seine Stimme hatte den Klang eines singenden Sterns, als er antwortete: Wenn ihr in euren Tagträumen schweigend eurem tieferen Ich lauscht, werden eure Gedanken wie Schneeflocken tanzen, und sie werden alle Geräusche eurer Umgebung mit einer weißen Schneedecke schmücken.

Und was sind Wachträume anderes als Wolken, die am Himmelsbaum eures Herzens knospen und blühen? Und eure Gedanken, sind sie nicht die Blütenblätter, die der Wind eures Herzens über Hügel und Felder verstreut?

Und wie ihr den Frieden erwartet, bis das Gestaltlose in euch Form annimmt, so werden sich die Wolken sammeln und zerstreuen, bis die heiligen Finger des Höchsten ihre grauen Wünsche in kristallene Sonnen, Monde und Sterne verwandeln.

Sarkis, der Schüler, den bisweilen Zweifel befielen, gab zu bedenken: Doch der Frühling wird kommen, der Schnee unserer Träume und Gedanken wird schmelzen, und sie werden aufhören zu sein.

Er entgegnete: Wenn der Frühling kommt, um seine Geliebte in den schlummernden Hainen und Weinlauben zu suchen, wird der Schnee gewiss schmelzen; er wird in Sturzbächen von den Hügeln fließen, um den Fluss im Tal zu erreichen, und er wird für Lorbeer- und Myrtenbäume ein Mundschenk sein.

Ebenso wird der Schnee eurer Herzen schmelzen, sobald euer Frühling kommt, und euer Geheimnis wird in den Lebensfluss im Tal strömen. Der Fluss wird euer Geheimnis aufnehmen und es dem grenzenlosen Meer übergeben. Alle Dinge werden schmelzen, sich auflösen und zu Liedern werden, wenn der Frühling kommt. Sogar die Sterne, diese riesigen Schneeflocken, werden sanft auf die weiten Felder fallen und sich auflösen in der Musik der Flüsse. Und wenn die Sonne des göttlichen Angesichts am weiten Horizont erscheint, wird es dann etwas Erstarrtes geben, das sich weigert, in fließende Melodie verwandelt zu werden? Und wer von euch wäre nicht gerne ein Mundschenk für Myrte und Lorbeer?

Gestern noch wart ihr auf hoher See, weit entfernt von der Küste und auch von euch selbst. Dann wob euch der Wind, der Atem des Lebens, dessen Gesicht ein Schleier aus Licht verhüllt, seine Hand ergriff euch und gab euch eine Form, und erhobenen Hauptes blicktet ihr zu den Höhen auf. Doch das Meer folgte euch, und es singt immer noch sein Lied in euch. Obgleich ihr eure Herkunft vergessen habt, wird die große See für immer ihre Mutterschaft geltend machen, und immerfort wird sie euch zu sich rufen.

Auf euren Streifzügen durch Gebirge und Wüsten werdet ihr euch stets der Tiefe und Frische ihres Herzens erinnern. Und wenn ihr auch oft nicht wisst, wonach ihr euch sehnt, so ist es gewiss ihr tiefer, grenzenloser Friede, den ihr sucht. Und wie könnte es auch anders sein?

Wenn in den Hainen und Weingärten der Hügel der Regen auf den Blättern tanzt und wenn der Schnee fällt – als Segen und Zeichen eines Bundes – und wenn ihr im Tal eure Herden an den Fluss führt und wenn auf euren Feldern, wo die Bäche die grüne Fläche wie Silberfäden durchziehen, in euren Gärten, wo der Morgentau den Himmel spiegelt, und auf euren Wiesen abendlicher Nebel euren Weg halb verhüllt, dann ist überall die große See mit euch, als Zeuge eures Erbes und auf der Suche nach eurer Liebe.

Es ist die Schneeflocke in euch, die das Meer sucht.


An einem Morgen, als sie im Garten spazieren gingen, erschien eine Frau am Gartentor; es war Karima, die Almustafa, als er ein Kind war, wie eine Schwester geliebt hatte.

Sie blieb vor dem Tor stehen, ohne zu rufen oder ans Tor zu klopfen; sie schaute nur sehnsüchtig und betrübt in den Garten.

Almustafa bemerkte die Sehnsucht in ihrem Blick und kam mit eiligen Schritten ans Tor; er öffnete ihr und hieß sie willkommen, als sie eintrat.

Da sprach sie: Warum hast du dich von uns allen zurückgezogen und uns das Licht deines Angesichts entzogen? Sieh, wir haben dich all die vielen Jahre geliebt und sehnsüchtig deine glückliche Heimkehr erwartet. Nun rufen die Leute mit lauter Stimme nach dir, denn sie wollen mit dir sprechen. Ich komme als ihre Botin; sie wollen, dass du dich dem Volk zeigst, um ihm von deiner Weisheit mitzuteilen, die gebrochenen Herzen zu trösten und uns alle vor unserer Torheit zu warnen.

Almustafa sah sie an und sagte: Nenne mich nicht weise, es sei denn, du nennst alle Menschen weise. Ich bin nichts als eine junge Frucht, die noch am Zweig hängt, und gestern noch war ich eine Blüte.

Und nennt niemanden von euch töricht, denn in Wahrheit sind wir alle weder Toren noch Weise. Wir sind grüne Blätter am Baum des Lebens; und das Leben ist jenseits der Weisheit – und gewiss jenseits der Torheit.

Und habe ich mich denn wirklich von euch zurückgezogen? Weißt du nicht, dass es für die Seele keine Entfernung gibt außer der, welche die Phantasie nicht zu überwinden weiß? Wenn aber die Seele sie kraft ihrer Vorstellung aufhebt, so wird sie zu einer ihr innewohnenden Melodie.

Die Entfernung zwischen euch und euren Nachbarn, die ihr nicht liebt, ist größer als die zwischen euch und euren Geliebten, die hinter sieben Ländern und sieben Meeren wohnen.

Denn in der Erinnerung gibt es keine Entfernung; nur im Vergessen tut sich ein Abgrund auf, den weder eure Stimme noch euer Auge überbrücken kann.

Zwischen den Küsten der Ozeane und den Gipfeln der höchsten Berge gibt es einen geheimen Weg, den ihr gehen müsst, bevor ihr eins werdet mit den Söhnen und Töchtern der Erde.

Auch zwischen eurem Wissen und eurem Verstehen gibt es

einen geheimen Pfad, den ihr entdecken müsst, bevor ihr eins werdet mit den Menschen und mit euch selber.

Und zwischen eurer rechten Hand, die austeilt, und eurer Linken, die empfängt, besteht eine große Entfernung, die ihr nur verringern könnt, indem ihr beide Hände bereithaltet, zu geben und zu nehmen; und ihr könnt sie ganz überwinden, wenn ihr erkennt, dass ihr nichts zu geben und nichts zu empfangen habt.

Wahrlich, die größte Entfernung liegt zwischen den Bildern eures Schlafes und eurem Wachen, zwischen der Tat und dem Wunsch.

Und noch einen Weg gibt es, den ihr gehen müsst, bevor ihr eins werdet mit dem Leben. Doch darüber werde ich jetzt nicht sprechen, denn ich sehe, dass ihr schon des Reisens müde seid.


Dann ging er mit Karima und seinen neun Schülern auf den Marktplatz und sprach mit den Menschen, die dort versammelt waren: mit seinen Freunden und seinen Nachbarn, und Freude erfüllte ihre Herzen und ihre Blicke.

Und er sprach: Ihr wachst in eurem Schlaf, und reicher ist euer Leben, wenn ihr träumt. Denn alle Tage eures Lebens verbringt ihr mit Danksagung für das, was ihr in der Stille der Nacht erhalten habt.

Oft nennt ihr die Nacht eine Zeit der Ruhe; in Wirklichkeit ist sie die Zeit des Suchens und Findens.

Der Tag schenkt euch Wissen und lehrt eure Hände die Kunst des Empfangens; doch es ist die Nacht, die euch zur Schatzkammer des Lebens führt.

Die Sonne lehrt alle Lebewesen die Sehnsucht nach dem Licht. Doch es ist die Nacht, die uns alle zu den Sternen erhebt.

Wahrlich, es ist die Stille der Nacht, die einen Hochzeitsschleier webt, mit dem sie die Bäume der Wälder und die Blumen der Gärten schmückt; dann richtet sie ein verschwenderisches Fest aus und bereitet das Brautgemach, und in dieser heiligen Stille empfängt der Schoß der Zeit den neuen Tag.

So ist es auch mit euch; wenn ihr sucht, werdet ihr Nahrung und Erfüllung finden. Und wenn auch bei Tagesanbruch euer Erwachen die Erinnerung auslöscht, so ist der Tisch der Träume für immer gedeckt, und das Brautgemach erwartet euch.

Er schwieg, und seine Zuhörer warteten schweigend darauf, dass er fortfahre. Nach einer Weile sagte er: Ihr seid Geist, obgleich ihr euch in euren Körpern bewegt; wie das Öl, das im Dunkeln brennt, seid ihr Flammen, die in Lampen eingeschlossen sind.

Wäret ihr nur Körper, so wäre es nutzlos, vor euch zu stehen und zu euch zu sprechen – ebenso könnte ein Toter zu einem Toten reden. Doch so ist es nicht. Alles, was unsterblich in euch ist, ist frei bei Tag und bei Nacht, und es kann weder eingeschlossen noch gefesselt werden, denn dies ist der Wille des Höchsten. Ihr seid sein Atem, gleich dem Wind, den niemand einfangen noch einsperren kann. Und auch ich bin Atem von seinem Atem.

Nach diesen Worten verließ er sie mit schnellen Schritten und betrat wieder seinen Garten. Da wandte sich Sarkis, der Zweifler, an ihn und fragte: Und wie verhält es sich mit der Hässlichkeit, Meister? Du sprichst nie darüber.

Almustafa antwortete ihm mit Worten, die Peitschenhieben glichen: Mein Freund, wer würde dich ungastlich nennen, wenn er an deinem Haus vorbeigeht, ohne anzuklopfen?

Und wer sollte dich für taub oder unaufmerksam halten, wenn man in einer fremden Sprache mit dir redet, die du nicht verstehst?

Ist nicht das Hässlichkeit für dich, was du nie zu erreichen suchtest und dessen Inneres du nie erforschen wolltest?

Wenn die Hässlichkeit existiert, dann nur als Schuppen auf unseren Augen und als Wachs, das unsere Ohren verstopft. Mein Freund, nenne nichts hässlich – außer der Furcht einer Seele angesichts ihrer eigenen Erinnerungen.


Und eines Tages, als sie im Schatten weißer Pappeln saßen, sagte einer seiner Schüler zu ihm: Meister, die Zeit bereitet mir Angst; sie geht über uns hinweg und beraubt uns unserer Jugend. Und was gibt sie uns stattdessen zurück?

Er antwortete: Nimm eine Hand voll guter Erde! Findest du darin ein Samenkorn oder einen Wurm? Wäre deine Hand groß genug und hättest du genug Ausdauer, so könnte der Samen zu einem Wald werden und der Wurm zu einer Engelschar. Vergiss nicht, dass die Jahre, welche die Samen in Wälder verwandeln und die Würmer in Engel, ein Teil des *Heute* sind wie alle Jahre.

Und was sind die Jahreszeiten anderes als eure wechselnden Gedanken: Der Frühling ist das Erwachen eures Herzens und der Sommer die Entdeckung eurer eigenen Fruchtbarkeit. Und ist nicht der Herbst eure Vergangenheit, die dem Kind in euch ein Wiegenlied singt? Und sagt mir, was ist der Winter anderes als ein Schlaf, reich an Träumen aller anderen Jahreszeiten!

Manus, der wissbegierige Schüler, hatte seine Blicke schweifen lassen und die blühenden Pflanzen gesehen, die sich an eine Platane klammerten, und er sagte: Sieh diese Parasiten, Meister! Was hältst du von ihnen? Sind sie nicht Diebe mit schweren Augenlidern, die den treuen Kindern der Sonne das Licht stehlen? Sie ziehen die Kraft aus dem Lebenssaft, der durch die Zweige und Blätter der Bäume fließt.

Almustafa entgegnete: Mein Freund, wir alle sind Parasiten. Wir, die wir arbeiten, um die Grassode in sattes Leben zu verwandeln, sind nicht mehr wert als diejenigen, die von diesem Stück Erde leben, von dem sie nichts wissen.

Oder tadelt der Sänger sein Lied: Kehre zurück in die Grotte des Echos, aus der du hervorgegangen bist, denn du raubst mir den Atem?

Und sagt der Hirte zum Lamm: Ich habe keine Weide mehr, auf die ich dich führen kann, darum lass dich schlachten und werde zu einer Opfergabe?

Nein, mein Freund, all diese Fragen sind schon beantwortet, bevor sie gestellt werden – ebenso wie eure Träume, die erfüllt werden, bevor ihr schlaft.

Wir leben einer durch den anderen, gemäß einem uralten, zeitlosen Gesetz. Leben wir also in gegenseitigem Wohlwollen! Wir suchen einander in unserer Einsamkeit, und wir irren umher, wenn wir keine Feuerstelle haben, an der wir sitzen können.

Meine Freunde und meine Brüder, der breite Weg ist euer Gefährte!

Diese Pflanzen, die sich am Baum festklammern, trinken die süße Milch der Erde in der Stille der Nacht; und die Erde in ihrem friedlichen Traum trinkt an den Brüsten der Sonne.

Und die Sonne sitzt, so wie du und ich und alle Lebewesen, gleich geachtet an der Tafel des Prinzen, dessen Tür allezeit geöffnet und dessen Tafel immer gedeckt ist.

Manus, mein Freund, alles lebt immer von allem und alles Lebendige lebt im Glauben, grenzenlos, von der Güte und Großmut des Höchsten.

Und eines Morgens, als es noch dämmerte, gingen sie zusammen durch den Garten; sie richteten ihre Blicke gen Osten und schwiegen beim Anblick der aufgehenden Sonne.

Nach einer Weile deutete Almustafa in die Ferne und sprach: Der Widerschein der Morgensonne in einem Tautropfen ist nicht weniger schön als die Sonne selber, und die Spiegelung des Lebens in eurer Seele ist nicht weniger kostbar als das Leben selber.

Der Tautropfen spiegelt das Licht, denn er ist eins mit ihm. Und ihr spiegelt das Leben, denn ihr seid eins mit ihm.

Wenn euch Dunkelheit umgibt, sagt euch: Diese Dunkelheit ist der noch nicht geborene Morgen; wenn ich jetzt unter den Geburtswehen der Dunkelheit leide, so wird schon bald die Morgenröte über mir aufgehen wie über den Hügeln.

Und der Tautropfen in der tiefen Blüte der Lilie gleicht euch, deren Seelen im Herzen Gottes ruhen.

Wenn ein Tautropfen sagt: In Jahrtausenden werde ich nichts anderes sein als ein Tautropfen, so entgegnet ihm: Weißt du nicht, dass sich das Licht aller Jahre in deiner Oberfläche spiegelt?


Und eines Abends erhob sich ein heftiger Sturm. Almustafa und seine Schüler gingen ins Haus hinein und setzten sich schweigend um das Feuer.

Nach einer Weile sagte einer der Schüler: Ich bin allein, Meister, und die Schläge der Stunden klopfen unbarmherzig gegen meine Brust.

Almustafa erhob sich, trat in ihre Mitte und sprach mit einer Stimme, die einem starken Wind glich: Allein, sagst du? Was soll das heißen? Du kamst alleine in diese Welt, und du wirst alleine sein, wenn der Nebel dich wieder aufnimmt.

Darum trink deinen Becher allein und schweigend! Die

Herbsttage haben anderen Lippen andere Becher gegeben und sie mit bitterem und süßem Wein gefüllt, so wie sie deinen Becher füllten.

Trink deinen Becher allein – auch wenn er den Geschmack deines Blutes und deiner Tränen hat, und preise das Leben für die Gabe des Durstes! Denn ohne Durst ist dein Herz nichts anderes als das Ufer einer unfruchtbaren See – ohne Gezeiten und ohne Gesang.

Trink deinen Becher allein, und trink ihn fröhlich!

Erhebe ihn hoch über deinen Kopf, dann trinke ihn bis zur Neige auf das Wohl all derer, die ebenfalls alleine trinken.

Früher suchte ich die Gesellschaft der Menschen; ich setzte mich an ihre Festtafel und trank mit ihnen. Doch ihr Wein stieg mir weder zu Kopfe, noch drang er in mein Herz, er sickerte nur in meine Füße. Meine Weisheit blieb verdorrt und mein Herz verschlossen. Nur meine Füße waren bei ihnen in ihrem Dunst.

Da hörte ich auf, die Gesellschaft der Menschen zu suchen; und ich trank keinen Wein mehr an ihren Festtafeln.

Darum lass dir sagen: Wenn auch die Schläge der Stunden heftig gegen deine Brust klopfen, was kümmert es dich? Es ist gut für dich, den Becher des Kummers allein zu trinken ebenso wie den Becher der Freude.

Und eines Tages, als Phardrous, der Grieche, im Garten umherging, stieß er seinen Fuß an einem Stein. Ärgerlich ging er zurück, hob den Stein auf und sagte leise: Totes Ding auf meinem Weg! Und er warf den Stein weg.

Almustafa, der Erwählte und Geliebte, sagte darauf zu ihm: Warum nennst du den Stein ein totes Ding? Bist du so lange in diesem Garten gewesen und weißt immer noch nicht, dass es hier nichts Totes gibt? Alle Dinge hier leben, und sie glühen vom Wissen des Tages und von der Majestät der Nacht. Du und der Stein sind eins. Der einzige Unterschied besteht in eurem Herzschlag. Dein Herz klopft ein wenig schneller, mein Freund. Es ist nicht so ruhig, nicht wahr?

Der Rhythmus des Steines ist sicher anders als der deines Herzens. Aber ich sage dir: Wenn du in die Tiefen deines Herzens hineinhorchst und die Höhen des Horizonts ermisst, so wirst du eine einzige Melodie vernehmen, und in diese Melodie stimmen der Stein und der Stern gleichermaßen ein.

Wenn du meine Worte jetzt noch nicht verstehst, so gedulde dich bis zu einem anderen Tag. Hast du den Stein beschimpft, weil du in deiner Blindheit darüber gestolpert bist, so würdest du auch einen Stern schelten, wenn dein Kopf bis zum Himmel reichte.

Doch ein Tag wird kommen, an dem du Steine und Sterne sammeln wirst, wie ein Kind die Lilien des Tales sammelt. Und dann wirst du wissen, dass all diese Dinge lebendig sind und Wohlgeruch verbreiten.


Und am ersten Tag der Woche, als sie den Klang der Tempelglocken vernahmen, fragte ihn einer seiner Schüler: Meister, wir hören hier viel von Gott. Was hast du über Gott zu sagen? Wer ist er wirklich?

Almustafa erhob sich, und er stand vor ihnen wie ein junger Baum, der weder Wind noch Sturm fürchtet, und sprach:

Meine Gefährten und meine Freunde, stellt euch ein Herz vor, das all eure Herzen enthält, eine Liebe, die all eure Liebe umfasst, einen Geist, in dem sich der Geist eines jeden von euch wiederfindet, eine Stimme, die all eure Stimmen in sich vereint, und ein Schweigen, das tiefer ist als das eure und zudem zeitlos und ewig.

Und nun stellt euch in eurem Innern eine Schönheit vor, die zauberhafter ist als alles Schöne zusammen, einen

Choral, der mächtiger ist als die Lieder des Meeres und des Waldes, eine Majestät auf einem Thron, neben dem Orion nur ein Fußschemel ist; diese Majestät hält ein Zepter, das so sehr funkelt und glänzt, dass die Plejaden dagegen wie Tautropfen erscheinen.

Bisher habt ihr euch damit begnügt, Nahrung und Unterkunft zu suchen, ein Gewand und einen Stab. Sucht von nun an den Einen, der weder ein Ziel für eure Pfeile ist, noch eine Grotte, die euch vor den Elementen schützt.

Und erscheinen euch meine Worte hart wie Felsgestein und rätselhaft, so sucht dennoch, ihren Sinn zu ergründen, bis eure Herzen brechen und euer Suchen euch zur Liebe und zur Weisheit des Höchsten führt, den wir Gott nennen.

Sie schwiegen, und ihre Herzen waren verwirrt. Almustafa empfand Mitleid mit ihnen; er sah sie mitfühlend an und fuhr fort: Sprechen wir nicht mehr von Gott dem Vater! Sprechen wir vielmehr von göttlichen Naturen wie eure Nachbarn, eure Brüder und jene Kräfte der Natur, die eure Häuser und Felder umgeben.

Dank eurer Phantasie könnt ihr euch bis zu den Wolken erheben; und ihr haltet dies für hoch. Ihr könnt mit Hilfe eurer Phantasie das unermessliche Meer überqueren; und ihr haltet dies für eine große Entfernung.

Doch ich sage euch: Wenn ihr ein Samenkorn in die Erde legt, gelangt ihr höher hinaus; und wenn ihr mit eurem Nachbarn die Schönheit des Morgens bewundert, überquert ihr ein größeres Meer.

Zu oft besingt ihr Gott, den Unendlichen, doch in Wirklichkeit hört ihr das Lied nicht. Könntet ihr doch das Lied der Singvögel vernehmen und jenes der fallenden Blätter, wenn der Wind vorüberzieht; und vergesst nicht, meine Freunde, dass diese Blätter nur singen, wenn sie von den Zweigen getrennt werden.

Noch einmal bitte ich euch, nicht so leichthin von Gott zu reden, der unser Alles ist! Sprecht vielmehr über das, was ihr versteht, von Nachbar zu Nachbar, von göttlicher Natur zu göttlicher Natur.

Denn wer wollte das Vogeljunge im Nest füttern, wenn seine Mutter zum Himmel fliegt? Und welche Anemone auf dem Feld sollte Erfüllung finden, wenn sie nicht durch die Biene mit einer anderen Anemone vermählt wird?

Nur wenn ihr verloren seid in eurem schwächeren Selbst, blickt ihr zum Himmel empor, den ihr Gott nennt. Könntet ihr doch Wege zu eurem größeren Selbst finden! Wäret ihr doch weniger eitel und würdet diese Wege ebnen.

Meine Seeleute und meine Freunde, es wäre weiser, weniger von Gott zu reden, den wir nicht verstehen, und mehr voneinander, die wir uns verstehen können. Doch sollt ihr euch stets bewusst sein, dass wir der Atem und der Wohlgeruch Gottes sind. Wir sind Gott im Blatt, in der Blume und oft auch in der Frucht.


Und eines Morgens, als die Sonne hoch am Himmel stand, sagte einer der Schüler, die schon in seiner Kindheit mit ihm gespielt hatten: Meister, mein Gewand ist abgetragen und ich besitze kein anderes. Lass mich auf den Markt gehen um zu sehen, ob ich da etwas Passendes für mich finde!

Almustafa sah den jungen Mann an und sagte zu ihm: Gib mir dein Gewand! Der Schüler gehorchte und stand nackt in der Mittagssonne.

Da sprach Almustafa, und seine Stimme glich einem Ross auf der Rennbahn: Nur die Nackten leben in der Sonne. Nur der Einfältige reitet auf dem Wind. Und nur derjenige, der seinen Weg tausendmal verliert, wird heimkehren.

Die Engel sind des Schlauen überdrüssig. Erst gestern sagte

einer von ihnen zu mir: Wir schufen die Hölle für diejenigen, die glitzern und glänzen. Gibt es etwas anderes als das Feuer, das eine glänzende Oberfläche verdunkeln und ein Ding bis ins Innerste schmelzen kann?

Ich entgegnete dem Engel: Aber als ihr die Hölle schuft, habt ihr doch auch Teufel geschaffen, um sie zu beherrschen.

Nein, erwiderte der Engel, die Hölle wird von denjenigen regiert, die dem Feuer standhalten.

Ein weiser Engel! Er kennt die Wege der Menschen und derer, die nur zur Hälfte Menschen sind. Er ist einer der Seraphim, die den Propheten beistehen, wenn sie von schlauen Menschen in Versuchung geführt werden, und bestimmt lächelt er, wenn die Propheten lächeln, und er weint, wenn sie weinen.

Meine Freunde, meine Seeleute, nur die Nackten leben in der Sonne. Und das weite Meer kann nur der befahren, der kein Steuerruder hat. Nur wer dunkel ist mit der Nacht, wird mit dem Morgenrot erwachen; und nur derjenige, der mit den Wurzeln unter der Schneedecke schläft, wird den Frühling erleben.

Auch ihr seid wie Wurzeln, und wie sie seid ihr einfach; doch ihr besitzt die Weisheit der Erde; und ihr schweigt, doch in euren ungeborenen Zweigen schlummert der Chor der vier Winde.

Ihr seid verwundbar und ohne feste Form; doch seid ihr der Beginn mächtiger Eichen und das sich abzeichnende Muster riesiger Weiden gegen den Himmel.

Noch einmal sage ich euch: Ihr seid nur Wurzeln zwischen der dunklen Scholle und dem vorüberziehenden Himmel. Oft sah ich euch aufstehen, um mit dem Licht zu tanzen, und dann wieder sah ich euch scheu an eurem Platz verharren. Alle Wurzeln sind scheu. Sie haben ihr Herz so lange versteckt, dass sie jetzt nichts damit anzufangen wissen.

Aber der Mai wird kommen, und der Mai ist eine rastlose Jungfrau, welche den Hügeln und Tälern eine Mutter sein wird.


Und ein Mann, der im Tempel gedient hatte, bat ihn: Lehre uns, Meister, dass unsere Worte – ebenso wie die deinen – Lied und Weihrauch für das Volk seien!

Und Almustafa sprach: Ihr sollt über eure Worte hinauswachsen, aber euer Weg soll fortdauern, ein Rhythmus und Wohlgeruch. Ein Rhythmus für alle Liebenden und Geliebten, und ein Wohlgeruch für diejenigen, die davon träumen, in einem Garten zu leben. Ihr sollt über eure Worte hinausreichen bis zu einem Gipfel, auf den der Staub der Sterne fällt; und ihr sollt eure Hände öffnen, bis sie vom Sternenstaub gefüllt sind; dann legt euch hin und schlaft wie ein weißes Vogeljunges in einem weißen Nest. Und ihr werdet von eurer Zukunft träumen, wie weiße Veilchen vom Frühling träumen. Auch sollt ihr tiefer dringen als eure Worte! Ihr sollt die verlorenen Quellen der Ströme suchen; und ihr sollt eine verborgene Grotte sein, die das Echo gedämpfter Stimmen aus ihren Tiefen zurückwirft, Worte, die ihr jetzt nicht einmal hören könnt. Ihr sollt tiefer dringen als eure Worte, tiefer als alle Töne, bis zum wahren Herzen der Erde; und dort werdet ihr alleine sein mit Ihm, der auf der Milchstraße wandelt.

Dann stellte ihm einer seiner Schüler die Frage: Meister, sprich zu uns vom Sein! Was bedeutet es zu *sein*?

Almustafa sah diesen Schüler lange liebevoll an. Er erhob sich und entfernte sich ein wenig von ihnen. Dann kam er zurück und sagte: In diesem Garten ruhen mein Vater und meine Mutter, begraben von den Händen der Lebenden; und auch die Saaten vergangener Jahre, die der Wind hierhertrug, liegen in diesem Garten begraben.

Tausendmal werden meine Mutter und mein Vater hier begraben werden, und tausendmal wird der Wind den Samen begraben. In tausend Jahren werden wir, ihr und ich und diese Blumen, in diesem Garten zusammenkommen – so wie heute –, und wir werden *sein* durch die Liebe zum Leben, und wir werden *sein*, wenn wir vom Kosmos träumen, und wir werden *sein*, indem wir uns zur Sonne ausstrecken.

Aber heute und jetzt zu *sein*, bedeutet: weise zu sein, ohne sich dem Narren fremd zu fühlen; stark zu sein, doch nicht auf Kosten des Schwachen; mit kleinen Kindern zu spielen, doch nicht als ihr Vater, sondern als Spielkamerad, der ihre Spiele lernen will.

Es heißt: einfach und offen zu sein mit alten Männern und Frauen und mit ihnen im Schatten alter Eichen zu sitzen, obgleich ihr selber im Frühling eures Lebens steht. Es heißt: auf der Suche nach einem Dichter zu sein, selbst wenn er hinter sieben Flüssen lebt, und in seiner Gesellschaft Frieden zu finden, wunschlos, ohne Zweifel und ohne Frage auf den Lippen.

Es bedeutet: zu wissen, dass der Heilige und der Sünder Zwillingsbrüder sind, deren Vater unser barmherziger König ist, und dass der eine nur einen Augenblick vor dem anderen das Licht der Welt erblickte, weshalb wir ihn als Kronprinz betrachten.

Es bedeutet: der Schönheit zu folgen, auch wenn sie euch an den Rand des Abgrunds führt, und selbst wenn sie Flügel hat und ihr keine; ja, ihr sollt ihr sogar folgen, wenn sie über dem Abgrund schwebt, denn wo es keine Schönheit gibt, gibt es nichts.

Es bedeutet: ein Garten ohne Mauern zu sein, ein Weinberg ohne Wächter und eine Schatzkammer, die allen Vorübergehenden offen steht.

Es heißt: auch wenn man betrogen, bestohlen und ausgenutzt, ja, getäuscht, irregeführt und bespottet wird, trotz allem von der Höhe eures größeren Ichs herabzuschauen und zu lächeln in der festen Überzeugung, dass es einen Frühling für euren Garten geben wird, der in euren Blättern tanzen wird, sowie einen Herbst, der eure Reben reifen lässt.

Es heißt: zu wissen, dass ihr nur ein Fenster zum Osten hin öffnen müsst, um niemals allein zu sein; dass all jene, die man Übeltäter, Diebe und Betrüger nennt, eure Brüder in der Not sind, und dass ihr vielleicht all das selber seid in den Augen der seligen Bewohner der unsichtbaren Stadt, die jenseits dieser sichtbaren Stadt liegt.

Und nun sage ich euch, deren Hände all jene Dinge finden und formen, die nötig sind für unser Wohlergehen bei Tag und bei Nacht: Zu *sein* bedeutet, ein Weber zu sein mit sehenden Fingern, ein Baumeister, der Licht und Raum beachtet, ein Bauer, dem bewusst ist, dass er mit jedem Samenkorn einen Schatz vergräbt; ein Fischer und Jäger zu sein mit Mitgefühl für den Fisch und das Wild, aber mit noch größerem Erbarmen über den Hunger des Menschen. Vor allem sage ich euch dies: Wie gerne sähe ich, dass ihr euch zusammenschließen und euch zu gemeinsamem Werk verbünden würdet, denn nur so könnt ihr hoffen, eure eigenen Ziele zu erreichen.

Meine Gefährten und meine Freunde, seid mutig und nicht zaghaft, großzügig und nicht kleinlich, und seid bis zu meiner und eurer letzten Stunde euer größeres Selbst!

Er schwieg, und Schwermut überfiel die neun; ihre Herzen wandten sich von ihm ab, denn sie verstanden seine Worte nicht.

Die drei Seeleute sehnten sich nach dem Meer und die Tempeldiener nach dem Trost, den sie im Heiligtum fanden, und seine ehemaligen Spielkameraden zog es auf den Marktplatz. Alle waren sie taub für seine Worte, so dass ihr Klang zu ihm zurückkehrte wie heimatlose Vögel, die eine Zuflucht suchen.

Almustafa entfernte sich von ihnen und ging im Garten auf und ab, ohne etwas zu sagen und ohne sie anzusehen.

Die Schüler begannen, miteinander zu diskutieren, und sie suchten nach Vorwänden, um sich zu verabschieden.

Schließlich machten sie kehrt, und sie gingen ein jeder seines Weges, und Almustafa, der Erwählte und Geliebte, blieb allein zurück.

Und als es Nacht geworden war, ging er zum Grab seiner Mutter und setzte sich unter die Zeder, die dort gewachsen war. Da erschien am Himmel der Schatten eines großen Lichtes, und der ganze Garten glänzte wie ein kostbares Juwel am Busen der Erde.

Und Almustafa rief in der Einsamkeit seines Geistes:

Meine Seele trägt schwer an ihren reifen Früchten. Wer kommt, um sie zu pflücken und sich daran zu erfreuen? Gibt es nicht einen, der gefastet hat und dessen Herz so freundlich ist, sein Fasten zu brechen beim Anblick meiner Erstlingsfrüchte, und der mich befreit von meiner Überfülle?

Meine Seele fließt über vom Wein der Jahre. Gibt es keinen Durstigen, der zu mir kommt und trinkt?

Siehe, ein Mann stand an einer Kreuzung und streckte seine Hände den Vorübergehenden entgegen, und sie waren voller funkelnder Juwelen. Er rief: Habt Erbarmen mit mir und nehmt, was ich euch anbiete! In Gottes Namen, nehmt es an und tröstet mich!

Doch die Vorübergehenden begnügten sich damit, ihn anzusehen, und niemand nahm etwas von ihm an.

Es wäre besser für ihn gewesen, ein Bettler zu sein, der seine Hände ausstreckt, um etwas zu erhalten – eine zitternde Hand, die er leer zurückzieht –, als Hände voll reicher Gaben auszustrecken, ohne jemanden zu finden, der sie annähme und sich daran erfreute.

Und siehe, ein Prinz schlug sein seidenes Zelt zwischen Gebirge und Wüste auf und forderte seine Diener auf, ein Feuer zu machen – Fremden und Wanderern zum Zeichen; und er sandte seine Sklaven aus in die Straße, dass sie einen Gast herbeibringen möchten. Doch die Wege der Wüste waren ohne Erbarmen, und sie fanden niemanden, den sie hätten bewirten können.

Es wäre besser für den Prinzen gewesen, ein Bedürftiger zu sein, der Nahrung und Unterkunft sucht, oder ein Wanderer, der nichts anderes besitzt als einen Stab und ein irdenes Gefäß. So hätte er bei Anbruch der Nacht Menschen seinesgleichen treffen können, vielleicht sogar einen Dichter; mit ihnen hätte er ihre Armut ebenso geteilt wie ihre Erinnerungen und ihre Träume.

Und siehe, die Tochter des großen Königs erwachte vom Schlaf, legte ihr seidenes Kleid an und schmückte sich mit Perlen und Rubinen. Sie streute Moschus auf ihre Haare und tauchte ihre Finger in Bernstein. Dann stieg sie von ihrem Turmzimmer in den Garten hinab, wo der Tau der Nacht ihre goldenen Sandalen befeuchtete.

In der Stille der Nacht suchte die Tochter des großen Königs im Garten nach einem Geliebten, doch im weiten Königreich ihres Vaters gab es keinen Liebhaber für sie.

Es wäre besser für sie gewesen, die Tochter eines Bauern oder eines Schäfers zu sein! Sie würde die Schafe weiden, und am Abend kehrte sie ins Haus ihres Vaters zurück, die Füße vom Staub der kurvenreichen Wege bedeckt und mit dem Duft der Weingärten in den Falten ihres Kleides. Und wenn die Nacht käme und der Engel der Nacht über der Erde schwebte, würde sie sich davonschleichen zum Fluss des Tales, wo ihr Liebster sie erwartete.

Auch wäre es besser für sie, eine Nonne zu sein, deren Herz wie Weihrauch brennt, den der Wind emporträgt. Ihr Geist würde sich wie eine Kerze verzehren, deren Licht zu einem größeren Licht aufsteigt, zusammen mit all denen, die anbeten, und mit jenen, die lieben und geliebt werden.

Ja,wäre sie doch eine alte Frau, die in der Sonne sitzt und sich an den erinnert, der ihre Jugend geteilt hat.

Die Nacht wurde immer dunkler, und Almustafas Stimmung war düster wie diese Nacht. Sein Geist glich einer dichten Wolke, und er rief erneut:

Meine Seele trägt schwer an ihren reifen Früchten;
ja, schwer trägt sie an ihren Früchten.
Wer wird kommen und sich daran sättigen?
Meine Seele fließt über von ihrem Wein.
Wer wird kommen und davon trinken,
um sich in der Wüstenhitze zu erfrischen?

Wäre ich doch ein Baum ohne Blüten und Frucht,
denn der Kummer ungenutzter Fülle ist bitterer
als der Schmerz der Unfruchtbarkeit.
Und die Qual des Reichen,
von dem niemand etwas annehmen will,
ist größer als die des Bettlers,
dem niemand etwas gibt.

Wäre ich doch eine versiegte Quelle,
in welche die Menschen Steine werfen;
es wäre leichter zu ertragen,
als ein Quell lebendigen Wassers zu sein,
an der niemand der Vorübergehenden
seinen Durst stillt.

Wäre ich doch ein zertretenes Schilfrohr!
Es wäre besser, als eine Lyra zu sein
mit silbernen Saiten
in einem Haus,
dessen Besitzer keine Finger hat
und dessen Kinder taub sind.


Sieben Tage und sieben Nächte lang kam niemand zum
Garten, und Almustafa blieb mit seinem Kummer allein.
Selbst jene, die seinen Worten mit Liebe und Geduld ge-
lauscht hatten, hatten sich abgewandt zu den Wünschen
anderer Tage.

Nur Karima kam; Schweigen verhüllte ihr Gesicht wie ein
Schleier, und in ihren Händen hielt sie einen Becher und
eine Schüssel, Trunk und Nahrung für sein Alleinsein und
seinen Hunger. Und als sie beides vor ihn hingestellt hatte,
zog sie sich schweigend zurück.

Almustafa setzte sich bei den weißen Pappeln am Eingang
des Gartens nieder und schaute auf die Straße. Bald darauf
erblickte er dort eine Staubwolke, die näher kam. Und aus
der Staubwolke traten die neun Schüler hervor und Karima, die sie führte.

Almustafa ging ihnen entgegen; gemeinsam betraten sie
den Garten; und alles war wieder gut, als hätten sie ihn erst
vor einer Stunde verlassen. Sie gingen ins Haus und aßen
mit ihm zu Abend – ein einfaches Mahl aus Brot, Fisch
und Wein, das Karima besorgt hatte. Als sie den letzten
Wein in die Becher gefüllt hatte, bat sie den Meister: Lass
mich in die Stadt gehen und neuen Wein holen, denn es ist
nichts mehr übrig.

Er sah sie an mit Blicken, die in fernen Ländern zu weilen
schienen, und sagte: Nein, es genügt für den Augenblick.
Sie aßen und tranken und waren satt. Nach dem Mahl

sprach Almustafa zu ihnen mit getragener Stimme, die so tief war wie das Meer und so mächtig wie eine gewaltige Flut unter dem Mond: Meine Freunde und meine Weggefährten, wir müssen uns heute trennen! Eine lange Strecke haben wir auf der gefahrvollen See gemeinsam zurückgelegt; wir haben die höchsten Gipfel errungen und mit heftigen Stürmen gekämpft. Bald hungerten wir, bald saßen wir an Hochzeitstafeln; manchmal waren wir nackt, manchmal trugen wir königliche Gewänder. Wir sind wirklich weit gereist; doch nun schlägt die Stunde der Trennung. Ihr werdet euren Weg gemeinsam gehen, ich aber muss meinen Weg alleine beschreiten.

Und wenn uns auch weite Meere und Länder trennen werden, so bleiben wir dennoch Weggefährten auf unserer Pilgerreise zum Heiligen Berg.

Doch bevor wir den mühsamen Weg beschreiten, möchte ich die Ährenlese und Ernte meiner Seele mit euch teilen: Geht eure Wege singend! Und mögen eure Lieder kurz sein, denn nur die Lieder, die jung auf euren Lippen sterben, leben ewig weiter in den Herzen der Menschen.

Sagt aufbauende Wahrheiten mit wenigen Worten, aber für hässliche Wahrheiten gebraucht gar keine Worte! Dem jungen Mädchen, dessen Haare in der Sonne glänzen, sagt, sie sei die Tochter des Morgens! Doch wenn ihr auf eurem Weg einem Blinden begegnet, sagt nicht, dass er der Sohn der Nacht sei!

Lauscht dem Flötenspieler, wie ihr dem Lied des Aprils lauscht! Doch hört ihr den Nörgler und Lästerer reden, bleibt taub wie eure Knochen und fern wie eure Wunschträume!

Meine Freunde und Weggefährten, auf eurer Reise werdet ihr Menschen mit Hufen treffen; gebt ihnen eure Flügel! Und ihr werdet Menschen mit Hörnern treffen; setzt ihnen einen Lorbeerkranz auf! Und begegnet ihr Menschen mit

Klauen, so schmückt ihre Finger mit Blütenblättern! Den Menschen mit gespaltener Zunge gebt Honig für ihre Reden.

All diesen Menschen werdet ihr auf eurem Weg begegnen. Mehr noch: Ihr werdet Lahme treffen, die Krücken verkaufen;Blinde, die Spiegel feilbieten; und Reiche werdet ihr am Tempel betteln sehen.

Gebt dem Lahmen von eurer Beweglichkeit, dem Blinden von eurer Sehkraft und dem reichen Bettler von euch selbst! Sie sind die Bedürftigsten von allen, denn gewiss würde niemand seine Hand für ein Almosen ausstrecken, wenn er nicht wirklich arm wäre, selbst wenn er große Güter besitzt.

Meine Begleiter und Freunde, im Namen unserer Liebe ersuche ich euch: Seid zahllose Pfade, die sich in der Wüste kreuzen und auf denen Löwen und Hasen, Füchse und Schafe gehen.

Und erinnert euch: Ich lehre euch nicht zu geben, sondern zu empfangen, nicht Verzicht, sondern Erfüllung, nicht Nachgeben, sondern Verstehen, mit einem Lächeln auf den Lippen.

Ich lehre euch nicht das Schweigen, sondern ein verhaltenes Lied.

Ich lehre euch euer größeres Selbst, das alle Menschen einschließt.

Dann erhob er sich vom Tisch und ging in den Garten, wo er im Schatten der Zypressen wandelte, während der Tag sich neigte. Die neun folgten ihm mit einigem Abstand, denn ihr Herz war schwer, und ihre Zunge klebte ihnen am Gaumen.

Nur Karima näherte sich ihm, nachdem sie die Reste des Mahles fortgeräumt hatte, und sie sagte: Meister, erlaube mir, dir für deine Reise morgen eine Wegzehrung zu bereiten.

Er sah sie an mit Augen, die eine andere Welt sahen als diese, und er erwiderte: Meine Schwester und meine Geliebte, von Beginn der Zeit an ist alles bereitet; Nahrung und Getränke sind bereit für morgen – so wie sie es für gestern und heute waren.

Ich gehe jetzt. Doch wenn ich im Besitz einer Wahrheit bin, die noch nicht ausgesprochen wurde, so wird diese Wahrheit mich suchen und mich ergreifen, auch dann noch, wenn die Teile meines Seins bereits im Schweigen der Ewigkeit verstreut sind; und ich werde zu euch zurückkehren, um mit einer Stimme zu euch zu sprechen, die mitten aus diesem unendlichen Schweigen neu geboren wird.

Und wenn es etwas über Schönheit zu sagen gibt, von dem ich nicht zu euch gesprochen habe, so werde ich nochmals gerufen werden, ja, bei meinem Namen Almustafa; und ich werde euch ein Zeichen geben, damit ihr wisst, dass ich zurückgekommen bin, um von allem zu sprechen, was ich euch zu sagen versäumte; denn Gott wird weder dulden, dass er einem einzigen Menschen verborgen bleibt, noch, dass sein Wort im Abgrund eines menschlichen Herzens begraben ist.


Jenseits des Todes werde ich weiterleben und euren Ohren
    singen,
auch nachdem mich die Wellen in die Tiefen des Meeres
    zurückgetragen haben.
Körperlos werde ich an eurem Tisch sitzen
und euch als unsichtbarer Geist auf die Felder begleiten.
Ich werde mit euch am Feuer sitzen als unbemerkter Gast.
Der Tod ändert nichts außer den Masken, die unsere Gesichter verhüllen.
Der Förster bleibt ein Förster, der Bauer ein Bauer.
Und wer sein Lied dem Wind sang,
wird es auch den Sphären singen.

Die Schüler verharrten regungslos wie Steine, und ihre Herzen waren schwermütig, weil er gesagt hatte: Ich gehe. Doch keiner von ihnen streckte seine Hand aus, um ihn zurückzuhalten, und niemand wollte ihm folgen.

Almustafa verließ den Garten seiner Mutter mit schnellen und lautlosen Schritten; und im nächsten Augenblick hatte er sich schon weit entfernt von ihnen wie ein Blatt, das ein heftiger Wind abgelöst hat, und sie sahen nur noch ein schwaches Licht, das in die Höhe stieg. Die neun Schüler machten sich auf den Weg; nur Karima stand in der anbrechenden Nacht und blickte dem Licht nach, bis die Dämmerung es aufgenommen hatte. Und in ihrer Einsamkeit tröstete sie sich mit seinen Worten: Ich gehe jetzt. Doch wenn ich im Besitz einer Wahrheit bin, die noch nicht ausgesprochen wurde, so wird diese Wahrheit mich suchen und mich ergreifen, und ich werde zu euch zurückkehren.

Nun war es Abend geworden. Almustafa hatte die Hügel erreicht. Seine Schritte hatten ihn in den Nebel geführt, und er stand zwischen den Felsen und den weißen Zypressen, weit entrückt von allen Dingen, und er sprach:

Nebel, meine Schwester, weißer Atem, der
    noch keine Form annahm,
ich kehre zu dir zurück als weißer, lautloser Atem,
als unausgesprochenes Wort.

Nebel, meine beflügelte Schwester Nebel,
    wir sind nun vereint,
und wir werden vereint bleiben bis zum
    zweiten Tag des Lebens;
seine Morgendämmerung wird dich
    als Tautropfen in einen Garten legen

und mich als Säugling an die Brust einer Frau,
und wir werden uns erinnern.

Nebel, meine Schwester, ich kehre zurück,
ein Herz, das seinen Tiefen lauscht, ebenso wie dein Herz,
ein Wunsch, der pochend und ziellos ist wie der deine,
ein Gedanke ohne Kontur und Form wie der deine.

Nebel, meine Schwester, Erstgeborene meiner Mutter,
meine Hände halten noch die grünen Samen,
die du mich ausstreuen hießest,
und meine Lippen sind noch versiegelt von dem Lied,
das du mich batest zu singen.
Ich bringe dir weder Frucht noch Echo mit,
denn meine Hände waren blind
und meine Lippen unnachgiebig.

Nebel, meine Schwester, wie sehr liebte ich die Welt,
und die Welt liebte mich.
All mein Lächeln schmückte ihre Lippen,
und all ihre Tränen füllten meine Augen.
Doch ein Abgrund des Schweigens lag zwischen uns,
den sie nicht verringern wollte
und den ich nicht überwinden konnte.

Nebel, meine Schwester, meine unsterbliche Schwester,
ich sang die alten Lieder meinen kleinen Kindern vor;
sie lauschten, und Staunen war in ihren Gesichtern;
doch morgen werden sie das Lied vielleicht vergessen.
Ich weiß nicht, wem der Wind es zutragen wird.
Und war es auch nicht mein eigenes Lied,
es fand den Weg in mein Herz
und wohnte eine Weile auf meinen Lippen.

Nebel, meine Schwester, wenn auch all dies geschehen ist,
so habe ich doch Frieden geschlossen.
Es genügte mir, für die zu singen,
die schon geboren waren.
Und wenn der Gesang auch nicht der meine ist,
so spricht er doch von meinem sehnlichsten Verlangen.

Nebel, meine Schwester! Meine Schwester Nebel,
ich bin nun eins mit dir.
Nicht länger bin ich mein eigenes Ich.
Die Mauern sind gefallen,
und die Ketten sind zerbrochen;
ich steige zu dir auf als Nebel,
und zusammen werden wir über dem Meer schweben
bis zum zweiten Tag des Lebens,
wenn die Morgendämmerung dich als Tautropfen
in einen Garten legt
und mich als Säugling an die Brust einer Frau.

*Die Sehnsucht des Propheten*

Tief im Inneren der Seele des Menschen
gibt es eine Sehnsucht,
die den Menschen vom Sichtbaren
zum Unsichtbaren treibt:
zur Philosophie und zum Göttlichen

# Inhalt

# Wie ich zum Narren wurde

Du fragst mich, wie ich zum Narren wurde? Das geschah so: Eines Tages, lange bevor die vielen Götter geboren waren, erwachte ich aus einem tiefen Schlaf und gewahrte, dass meine Masken gestohlen worden waren – die sieben Masken, welche ich in sieben Leben verfertigt und getragen hatte. – Unmaskiert rannte ich durch die vollen Straßen und schrie: »Diebe, Diebe, die verdammten Diebe!«

Männer und Frauen lachten. Einige liefen aus Angst vor mir in ihre Häuser.

Als ich zum Marktplatz kam, rief ein Junge von einem Hausdach: »Er ist ein Narr!« Ich blickte empor, um ihn zu sehen: Da küsste die Sonne erstmals mein bloßes Antlitz. Zum ersten Mal küsste sie mein bloßes Antlitz, und meine Seele entflammte in Liebe zu ihr, und ich wünschte mir keine Masken mehr. Wie in Trance rief ich: »Segen, Segen über die Diebe, die meine Masken gestohlen!«

So wurde ich zum Narren.

Und in meiner Narrheit fand ich Freiheit und Sicherheit: die Freiheit der Einsamkeit und die Sicherheit vor dem Verstandenwerden. Denn diejenigen, welche uns verstehen, versklaven etwas in uns.

Aber ich will nicht zu stolz sein auf meine Sicherheit. Denn auch ein Dieb ist im Kerker sicher vor einem anderen Dieb.

# Tränen und Lächeln

Weder möchte ich die Trauer meines Herzens gegen die Freuden der Menschen eintauschen, noch wäre es mir lieb, dass sich die Tränen meines Kummers in Lachen verwandelten. Vielmehr wünsche ich mir, dass es in meinem Leben stets Tränen und Lächeln gibt: Tränen, die mein Herz

läutern und mir helfen, die Geheimnisse und Ungereimt-
heiten des Lebens besser zu verstehen, und Lächeln, das
mich mit anderen Menschen verbindet und Gott verherr-
licht. Durch Tränen teile ich den Schmerz aller gebrochenen Herzen, und durch Lächeln bejahe ich das Leben.

Lieber stürbe ich vor Verlangen, als im Überfluss zu leben.

Ich wünsche mir, dass meine Seele immerfort nach Liebe
und Schönheit hungert, denn ich sah, dass die Satten die
unglücklichsten Menschen sind, und die Seufzer der Sehnsucht erschienen mir wohlklingender als Glockengeläut.

Wenn der Abend kommt, schließt die Blume ihre Blüten-
blätter über ihrer Sehnsucht und schläft ein. Sobald der
Morgen naht, öffnet sie ihre Lippen dem Kuss der Sonne.
Das Leben der Blume ist Sehnsucht und Erfüllung, eine
Träne und ein Lächeln.

Das Wasser des Meeres verdunstet, steigt auf und verdich-
tet sich zu Wolken, die über Hügel und Täler dahinziehen.
Begegnen sie dem Wind, sinken sie weinend auf die Felder
hinab, vereinigen sich mit den Flüssen und kehren ins
Meer zurück – zu ihrem Ausgangspunkt. Auch das Leben
der Wolken ist Trennung und Begegnung, eine Träne und
ein Lächeln.

Ebenso ist es mit der Seele. Sie trennt sich vom unendlichen Geist und begibt sich in die Materie. Dort schwebt sie
wie eine Wolke über den Bergen der Traurigkeit und den
Tälern der Freuden, bis sie dem Hauch des Todes begegnet.
Dann kehrt sie zurück, woher sie kam, zum Meer der Liebe
und der Schönheit, zu Gott …

# Die Seele

Der Gott der Götter nahm einen Teil von sich selber und schuf daraus die Schönheit.

Er gab ihr die Zärtlichkeit der Morgenbrise, den Wohlgeruch der Feldblumen und die Sanftheit des Mondlichts.

Dann reichte er ihr den Kelch der Freude und sprach: »Trink erst daraus, wenn du die Vergangenheit vergessen hast und die Zukunft nicht beachtest!«

Und als er ihr den Kelch der Trauer reichte, sagte er: »Wenn du davon trinkst, gelangst du zum Wesen der Freude!« Und er schenkte ihr die Liebe, die sie mit dem ersten Seufzer der Befriedigung verlässt – und die Anmut, die sich mit dem ersten gesprochenen Wort entfernt.

Er stattete sie aus mit dem Wissen vom Himmel, das sie auf den Weg der Wahrheit führt, und mit Einfühlungsvermögen, damit sie sieht, was das Auge nicht zu sehen vermag.

Auch mit der Fähigkeit der Zuneigung und der Vision betraute er sie.

Dann legte er ihr das Gewand der Sehnsucht an, das die Engel aus den Bahnen des Regenbogens gewebt hatten.

Schließlich schuf er in ihr die Dunkelheit der Verwirrung, den Schatten des Lichtes.

Und Gott nahm Feuer aus den Schmelzöfen des Zornes, Wind aus den Wüsten der Unwissenheit, Sand von den Küsten des Meeres der Eigenliebe und Staub von den Fußsohlen der Zeit, und er schuf daraus den Menschen. Er gab ihm eine geheimnisvolle Kraft, die im Wahnsinn entbrennt und sich im Verlangen verzehrt. Dann hauchte er das Leben in ihn ein, und das Leben ist der Schatten des Todes.

Und Gott lächelte und weinte. Er empfand eine Liebe, die weder Grenzen noch Hindernisse kennt. Und er vereinte den Menschen mit seiner Seele.

## Hab Erbarmen, meine Seele,
## hab Erbarmen

Wie lange willst du noch klagen, meine Seele,
und du kennst meine Schwachheit?
Bis wann willst du mich anklagen,
und ich besitze nur menschliche Worte,
um deine Träume auszudrücken.

Bedenke, o Seele,
dass ich mein Leben damit zubrachte,
deinen Worten zu lauschen.
Und du hörst nicht auf, mich zu quälen.
Sieh, wie ich meinen Körper marterte,
um deinen Schritten zu folgen!

Einst war mein Herz mein König,
nun ist es dein Sklave.
Geduld war mein Tröster,
mit dir wurde sie mein Vorwurf.

Die Jugend war mein Begleiter,
nun ist sie mein Tadler.
Was verlangst du noch mehr
von diesen Gaben der Götter?

Ich verleugnete mich,
kehrte den Freuden des Lebens den Rücken,
und hörte auf,
nach Ruhm und Ehre zu streben.
Jetzt bleibt mir nichts außer dir.

Fälle ein gerechtes Urteil über mich
– denn Gerechtigkeit ist dir eigen –,

oder rufe den Tod herbei,
damit er mich befreit aus den Fesseln,
die dein Wesen mir anlegt.

Hab Erbarmen, meine Seele,
du hast mich beladen
mit einer Liebe,
die ich nicht tragen kann.
Du und die Liebe –
ihr seid eine vereinte Kraft,
ich und die Materie hingegen –
eine vereinte Schwäche.
Soll der Kampf
zwischen Stärke und Schwäche
in Ewigkeit andauern?

Hab Erbarmen, meine Seele!
Du zeigtest mir das Glück
aus weiter Entfernung.
Du und das Glück –
ihr thront auf einem hohen Berg,
ich und das Unglück aber –
weilen in einem tiefen Tal.
Werden Höhe und Tiefe
sich einmal begegnen?

Hab Erbarmen, meine Seele!
Du hast mir die Schönheit offenbart
und sie dann vor mir verborgen.
Du und die Schönheit,
ihr seid im Licht,
ich und die Unwissenheit dagegen –
in tiefer Finsternis.
Können Licht und Finsternis

sich miteinander vereinen?
Du, o Seele, freust dich auf das Ende,
bevor es anbricht,
doch dieser Körper leidet am Leben,
während er lebt.

Du eilst auf die Ewigkeit zu,
und dieser Körper nähert sich
schleppend dem Nichts.
Du kennst kein Verweilen,
und er hat keine Eile,
und das ist bedauernswert, meine Seele!

Du strebst nach oben
mit Hilfe der Anziehungskraft des Himmels,
und dieser Körper
zieht mich nach unten
mit der Schwerkraft der Erde.
Weder tröstest du ihn,
noch beglückwünscht er dich.
Das ist Hass, meine Seele!

Du bist reich an Weisheit, meine Seele,
und dieser Körper
ist arm an Einsicht.
Du aber erleichterst ihm nichts,
und so folgt er dir nicht.
Das ist das größte Elend, meine Seele!

In der Stille der Nacht
gehst du zum Geliebten
und erfreust dich
an seinen Küssen und Umarmungen;
dieser Körper aber verzehrt sich

vor Sehnsucht und Trennung.
Hab Erbarmen, meine Seele,
hab Erbarmen!

# Die sieben Ich

In der stillsten Stunde der Nacht – ich war halb eingeschlafen – kamen meine sieben Ich zusammen und flüsterten miteinander:

Erstes Ich: »Ich hauste all die Jahre hier in diesem Narren und hatte nichts zu tun, als bei Tag seinen Schmerz zu schüren und ihm bei Nacht neue Sorgen zu bereiten. Ich kann mein Los nicht länger ertragen, und jetzt lehne ich mich dagegen auf!«

Zweites Ich: »Dein Los ist besser als meines, Bruder, denn meine Aufgabe ist's, das fröhliche Ich dieses Narren zu sein. Ich lache sein Lachen, ich singe seine glücklichen Stunden, und mit dreimal beflügelten Schuhen tanze ich seine Heiterkeit. Ich bin's, der sich gegen dieses beschwerliche Los auflehnt!«

Drittes Ich: »Und was ist mit mir, dem von Liebe tollen Ich, der Flamme wilder Leidenschaft und phantastischer Begier? Ich liebeskrankes Ich lehne mich gegen diesen Narren auf!«

Viertes Ich: »Ich bin unter euch allen das elendste, denn ich kann nur mit stetem Hass und Abscheu alles zerstören. Ich bin der Höllensturm aus schwarzer Finsternis und ich will diesem Narren nicht länger dienen!«

Fünftes Ich: »Nein, ich bin es, das denkende, das phantasievolle Ich, von Hunger und Durst dazu verdammt, rastlos Unbekanntes und noch nicht Geschaffenes zu suchen. Ich habe mich zu beklagen, nicht ihr!«

Sechstes Ich: »Ich bin der elende Arbeiter, der mit geduldigen Händen und mit sehnsüchtigem Blick die Tage erst zu Bildern formt und den Stoffen neue und ewige Gestalt verleiht. In meiner Einsamkeit lehne ich mich gegen diesen ruhelosen Narren auf!«

Siebentes Ich: »Wie seltsam, dass ihr euch gegen diesen Mann auflehnt, hat doch jedes von euch eine bestimmte Aufgabe. Ach hätte ich doch, wie ihr, auch eine Bestimmung! Aber ich habe keine. Ich kauere im Dunkel, ohne Raum und Zeit, und tue nichts, während ihr eifrig neues Leben erschafft. Bin ich es, der sich zu beklagen hat, oder seid ihr es, Nachbarn?«

Nachdem das siebente Ich so gesprochen hatte, sahen die anderen sechs es mitleidig an und schwiegen – und als die Nacht fortschritt, schliefen sie eines nach dem anderen ein, froh, eine neue Aufgabe zu haben. Das siebente Ich aber blieb wach und blickte weiter in das Nichts, das hinter allen Dingen ist.

## Glückseligkeit

Ich suchte die Glückseligkeit im Alleinsein,
Und als ich mich ihr näherte, hörte ich,
Wie meine Seele mir ins Herz flüsterte:
»Die Glückseligkeit, die du suchst, ist eine Jungfrau,
Geboren und aufgewachsen in den Tiefen eines jeden
    Herzens,
Und sie verlässt ihren Geburtsort nicht.«
Und als ich mein Herz öffnete, um die zu finden,
Da entdeckte ich darin nur ihren Spiegel,
Ihre Wiege und ihr Gewand,
Aber die Glückseligkeit fand ich dort nicht.

Glückseligkeit ist ein Mythos, dem wir nachjagen,
Und wenn wir sie gefunden haben, verdrießt es uns.
Wie der Fluss, der eilig in die Ebene rauscht,
Dort angekommen langsam wird und düster.

Denn der Mensch ist nur glücklich
In seinem Streben nach der Höhe,
Wenn er sein Ziel erreicht hat,
Verliert sich der Zauber, und er sehnt
Sich nach anderen Höhenflügen.

Glückseligkeit auf Erden ist wie eine Flotte
Verbeiziehender Geister, nach denen der Mensch
Begierig greift, ohne auf Geld oder Zeit zu achten.
Und wenn die Erscheinung sich in Wirklichkeit
    verwandelt,
Wird sie dem Menschen bald langweilig.


## Die Schlafwandler

In meiner Heimatstadt lebte eine Frau mit ihrer Tochter.
Beide wandelten im Schlaf.
Eines Nachts, als alle Welt schwieg, trafen sich Mutter und
Tochter schlafwandelnd in ihrem nebelverhangenen Garten.
Und die Mutter sprach und sagte:
»Endlich habe ich dich, Feindin! Du warst es, die meine
Jugend zerstörte, und auf den Ruinen meines Lebens bist
du groß geworden. Ich möchte dich töten!«
Und die Tochter erwiderte und sagte:
»Verhasstes Weib, selbstsüchtige Alte. Immer noch stehst
du meiner Freiheit im Weg. Mein Leben soll wohl immer
nur ein Echo deines Lebens sein. Ach, wärest du doch tot!«
In diesem Augenblick krähte der Hahn, und beide Frauen

erwachten. Voller Sanftmut fragte die Mutter: »Bist du es, mein Herz?«, und die Tochter antwortete sanftmütig: »Ja, liebe Mutter.«

## Jenseits meiner Einsamkeit

Jenseits meiner Einsamkeit liegt eine andere Einsamkeit, und wer sie bewohnt, dem erscheint meine Einsamkeit wie ein bevölkerter Marktplatz und mein Schweigen wie lautes Stimmengewirr.

Zu jung bin ich und zu ruhelos, um nach der Einsamkeit jenseits meiner Einsamkeit zu suchen. Die Stimmen des Tales drüben halten meine Ohren in Bann, und seine Schatten versperren meinen Weg dorthin.

Hinter diesen Hügeln liegt ein friedlicher Hain. Wer ihn bewohnt, dem erscheint mein Friede wie ein Wirbelwind und mein Glück wie eine Illusion.

Zu jung bin ich und zu ausgelassen, um nach diesem friedlichen Hain zu streben. Der Geschmack von Blut haftet noch an meinen Lippen, Pfeil und Bogen meiner Väter sind noch in meinen Händen, und ich kann nicht dorthin aufbrechen.

Hinter diesem Ich, das von schweren Lasten niedergedrückt ist, liegt mein freieres Ich; ihm erscheinen meine Träume wie Kampfhandlungen, die in der Dämmerung ausgetragen werden, und meine Wünsche wie das Geklapper eines Skeletts.

Zu jung bin ich und zu maßlos, um mein freieres Ich zu sein.

Und wie könnte ich auch mein freieres Ich werden, ohne mein beladenes Ich zu beseitigen und ohne dass alle Menschen befreit werden?

Wie sollen meine Blätter fliegen und mit dem Wind singen, ohne dass meine Wurzeln im Dunkel verdorren?
Und wie soll sich der Adler in mir zur Sonne erheben, solange meine Jungen nicht das Nest verlassen haben, das ich mit meinem Schnabel für sie baute?

## Die große Sehnsucht

Hier sitze ich zwischen meinem Bruder, dem Berg, und meiner Schwester, der See.
Wir drei sind eins in der Einsamkeit. Die Liebe, die uns verbindet, ist tief, stark und fremd. Nein, sie ist tiefer als meiner Schwester Tiefe, stärker als meines Bruders Stärke, und fremder als das Fremdartige meiner Narrheit.
Äonen über Äonen vergingen, ehe der erste graue Dunst uns einander offenbarte. Wir sahen Geburt, Glanz und Tod vieler Welten, sind aber immer noch voll jugendlicher Begierde.
Wir sind voll jugendlicher Begierde und sind doch ohne Gefährten, und niemand lenkt seine Schritte zu uns. Unsere geschwisterliche Umarmung wurde nie gelöst, wir sind aber dennoch nicht glücklich. Welches Glück wäre auch unerfüllter Sehnsucht und nie gelebter Leidenschaft beschieden? Von wannen kommt ein flammender Gott, meiner Schwester Bett zu wärmen? Welche Flut wird meines Bruders Feuer löschen? Und wer wird die Frau sein, meinem Herzen zu befehlen?
In der Stille der Nacht murmelt meine Schwester des unbekannten Feuergottes Namen. Mein Bruder ruft nach der fernen kühlen Göttin. Wes Namen ich in meinen Träumen rufe, weiß ich nicht. …
Hier sitze ich zwischen meinem Bruder, dem Berg, und meiner Schwester, der See. Wir drei sind eins in der Ein-

samkeit. Die Liebe, die uns verbindet, ist tief, stark und fremd.

## Liebe

Schakal und Maulwurf
– so sagt man –
trinken vom gleichen Strom,
an dem auch der Löwe
seinen Durst stillt.

Schakal und Geier
– so sagt man –
bohren ihren Schnabel
in den gleichen Kadaver,
und sie vertragen sich
in der Gegenwart des Todes.

O Liebe, die mit gebieterischer Hand
mein Sehnen stets im Zaume hielt,
die meinen Hunger und meinen Durst
auf Tugend und Ehrgefühl richtete,
lass niemals zu,
dass das Starke und Beständige in mir
das Brot essen und den Wein trinken wird,
nach dem mein schwaches Ich verlangt!
Lass lieber mein Herz verschmachten,
lass mich lieber vor Hunger sterben,
bevor ich meine Hand ausstrecke
nach einem Glas,
das du nicht gefüllt hast,
und nach einer Schüssel,
die du nicht gesegnet hast.

# Mein Freund

Mein Freund, ich bin nicht dein Freund. Mein Schein ist bloß ein sorgfältig gewobenes Kleid, das ich trage, um mich vor deinen Fragen und dich vor meiner Gleichgültigkeit zu schützen.

Das »Ich« in mir, mein Freund, wohnt in dem Haus der Stille. Dort soll es bleiben, immerdar, unerkannt – und unnahbar.

Du sollst meinen Worten keinen Glauben schenken und sollst meinem Tun misstrauen – denn meine Worte sind nur das Echo deiner Gedanken und meine Taten bloß deine verwirklichten Wünsche.

Sagst du: »Der Wind weht von Osten«, so sage ich: »Ja, er weht von Osten.« – Du sollst nicht wissen, dass nicht der Wind meinen Sinn bewegt, sondern die See. Du kannst meine seefahrenden Gedanken nicht erraten. Ich will mit der See allein sein.

Wenn für dich Tag ist, mein Freund, ist für mich Nacht. Und doch rede ich von Mittagsglanz, der über Hügeln tanzt, und von dem Purpurschatten, der sich durch das Tal stiehlt.

Du kannst die Lieder meiner Finsternis nicht hören und siehst nicht, wie meine Flügel gegen die Sterne schlagen. – Du sollst nicht sehen und sollst nicht hören. Ich will mit der Nacht allein sein.

Wenn du in deinen Himmel aufsteigst, steige ich in meine Hölle hinab – und sogar dann noch rufst du über den unüberbrückbaren Golf: »Mein Gefährte, mein Kamerad!«, und ich rufe zurück: »Mein Kamerad, mein Gefährte!«, denn du sollst meine Hölle nicht sehen! Die Flamme würde dir das Augenlicht verbrennen und der Rauch deine Nüstern schwären. Ich liebe meine Hölle zu sehr, als dass du sie besuchest. Ich will in der Hölle allein sein.

Du liebst die Wahrheit, die Schönheit und das Recht. Um deinetwillen heiße ich dies alles auch gut. In meinem Herzen aber lache ich über deine Liebe. Doch sollst du mein Lachen nicht hören. Ich will alleine lachen.

Du bist gut, mein Freund, behutsam und weise. Nein, vollkommen bist du! – Und ich: ich rede behutsam und weise mit dir. Und doch bin ich ein Narr. Aber ich habe meine Narrheit maskiert. Ich will in meiner Narrheit allein sein.

Mein Freund, du bist nicht mein Freund. Wie kannst du das verstehen? Mein Weg ist nicht dein Weg, und doch gehen wir gemeinsam, Hand in Hand.

## Narrheit

Der Narr sieht nichts als Narrheit und der Verrückte nur Verrücktes.

Gestern bat ich einen Narren, die Toren unter uns zu zählen. Er lachte und sprach: »Diese Aufgabe ist zu schwierig und dauert zu lang. Wäre es nicht besser, nur die Weisen zu zählen?«

Einmal hörte ich, wie ein gelehrter Mann sprach: »Jedes Übel kann geheilt werden, nur Torheit ist unheilbar. Einen eigensinnigen Toren zu rügen oder einem Tölpel zu predigen, ist, als ob man auf das Wasser schreiben wollte. Christus heilte die Blinden, die Hinkenden, die Lahmen und Aussätzigen. Aber die Toren konnte auch er nicht heilen!«

## Zwischen Wahrheit und Phantasie

Das Leben trägt uns von einem Ort zum anderen, und das Schicksal führt uns aus einem Milieu ins andere; doch wir sehen nichts als die Steine auf unserem Weg und hören nur die Stimme, die wir fürchten.

Vor uns erscheint die Schönheit auf dem Thron der Ehre; wir eilen zu ihr, und im Namen der Sehnsucht besudeln wir ihre Schleppe und rauben ihr die Krone der Reinheit.

Die Liebe zieht an uns vorüber im Gewand der Sanftmut; wir verbergen uns aus Furcht vor ihr in dunklen Höhlen, oder wir folgen ihr und tun in ihrem Namen Unrecht.

In unserer Mitte weilt der Weise und trägt sein schweres Joch, doch es ist sanfter als der Atem einer Blume und zarter als die Morgenbrise des Libanon.

An der Straßenkreuzung steht die Weisheit und ruft uns über die Köpfe der Menschen hinweg zu; doch wir beachten sie nicht und verachten diejenigen, die ihr folgen.

Die Freiheit lädt uns an ihre Tafel, damit wir ihren Wein und ihre Speisen kosten; doch wir füllen unseren Magen an anderen Tischen, die uns zur Schmach gereichen.

Die Natur reicht uns die Hand der Freundschaft, sie lädt uns ein, damit wir uns an ihrer Schönheit erfreuen; doch wir fürchten ihre Stille und fliehen in die Städte, wo wir uns zusammendrängen wie eine Herde Lämmer beim Anblick des Wolfes.

Im Lächeln eines Kindes oder im Kuss des Geliebten sucht uns die Wahrheit auf; wir aber verschließen ihr die Türen und verstoßen sie, als wäre sie unrein.

Und während das Herz unseren Beistand sucht und die Seele uns ruft, verharren wir stumm wie ein Stein; weder hören wir, noch verstehen wir etwas. Wenn aber jemand den Ruf seines Herzens hört und ihm folgt, sagen wir von ihm, er sei besessen, und halten uns fern von ihm. Auf diese Weise gehen die Nächte vorüber, ohne dass wir ihnen Beachtung schenken; und die Tage folgen ihnen und begrüßen uns, doch wir fürchten die Nächte und die Tage. Wir stehen der Erde nahe und sind verwandt mit den Göttern. Wir gehen am Brot des Lebens vorüber, während der Hunger an unseren Kräften zehrt. Wie lieb ist uns das Leben, aber wie weit sind wir vom Leben entfernt.

## Die Nacht und der Narr

Ich bin wie du, o Nacht, dunkel und nackt; ich begehe den flammenden Pfad hoch über den Träumen meiner Tage, und wo mein Fuß die Erde berührt, entspringt eine riesige Eiche.«

»Nein, o Narr, du bist nicht wie ich. Immer noch blickst du dich um nach der Fußspur, die du im Sand hinterlässt.«

»Ich bin wie du, o Nacht, verschwiegen und tief. Im Herzen meiner Einsamkeit liegt eine Göttin in Wehen, und in dem, der aus ihr geboren wird, berühren sich Himmel und Erde.«

»Nein, o Narr, du bist nicht wie ich. Noch schauderst du vor Schmerz und schreckst vor dem Lied des Abgrunds zurück.«

»Ich bin wie du, o Nacht, wild und schrecklich. In meinen Ohren dröhnen das Geschrei besiegter Völker und das Wehklagen längst vergessener Kontinente.«

»Nein, o Narr, du bist nicht wie ich. Immer noch hast du deine kleinliche Seele zum Gefährten und kannst mit deiner größeren Seele nicht Freund sein.«

»Ich bin wie du, o Nacht, abscheulich und grausam. Meine Brust leuchtet im Schein brennender Schiffe, und meine Lippen triefen vom Blut erschlagener Krieger.«

»Nein, o Narr, du bist nicht wie ich. Immer noch verlangst

du nach einer Schwesterseele und hast dein eigenes Gesetz nicht gefunden.«

»Ich bin wie du, o Nacht, glücklich und froh. Wer in meinem Schatten lebt, ist trunken von jungem Wein, und wer mir folgt, sündigt frohgemut.«

»Nein, o Narr, du bist nicht wie ich. Deine Seele ist hinter sieben Schleiern verborgen, und du hast dein Herz nicht in der Hand.«

»Ich bin wie du, o Nacht, leidenschaftlich und geduldig. In meiner Brust liegen tausend tote Liebende in den Wanten verwester Küsse begraben.«

»Ja, Narr, bist du wie ich? Bist du wie ich? Kannst du den Sturm als Schlachtross reiten und den Blitz als Schwert führen?«

»Wie du, o Nacht, wie du, groß und mächtig. Mein Thron steht auf Bergen gefallener Götter. Die Tage ziehn an mir vorüber, sie küssen den Saum meines Gewandes und erblicken doch nie mein Gesicht.«

»Bist du wie ich, Kind meines dunkelsten Herzens? Denkst du meine wilden Gedanken, sprichst du meine verheerende Sprache?«

»Ja, o Nacht, Zwillingsbrüder sind wir. Du offenbarst das All, und ich offenbare meine Seele.«

## Lied

In den Tiefen meiner Seele wohnt ein Lied,
das sich weder in Worte kleiden
noch mit Tinte zu Papier bringen lässt,
es umgibt meine Gefühle wie eine Hülle
und gelangt nicht auf meine Zunge.

Wie kann ich es anstimmen,
ohne es rauen Winden auszusetzen?
Wem kann ich es singen,
ohne es groben Ohren preiszugeben?

In meiner Seele wohnt ein Lied,
und wenn du tief in meine Augen schautest,
sähest du den Schatten seines Schattens;
wenn du meine Fingerspitzen berührtest,
fühltest du sein Zittern.

Die Werke meiner Hände bringen es ans Licht,
wie ein See das Leuchten der Sterne spiegelt;
und meine Tränen enthüllen es
wie die Tautropfen das Geheimnis der Rose,
wenn sie sich unter der Sonne auflösen.

Es ist ein Lied, das in der Stille erklingt
und beim Lärm verstummt,
das sich im Traum offenbart
und beim Erwachen zurückzieht.

Es ist das Lied der Liebe.
Welcher Ishak* wird es anstimmen?
Welcher David wird es vortragen?

Sein Duft ist lieblicher
als der des Jasmin.
Welche Kehle wird es singen?
Wohlbehüteter ist sein Geheimnis
als das der Jungfräulichkeit.
Welche Saiten werden es offenbaren?

---

\* Ishak al-Mausili, berühmter arabischer Musiker (767–850)

Wer verbindet in seinem Lied
das Brausen des Meeres
mit dem Gezwitscher der Nachtigall,
das Heulen des Sturmes
mit dem Seufzer eines Kindes?
Welcher Mensch
wird das Lied der Götter anstimmen?

## Besuch der Weisheit

In der Stille der Nacht kam die Weisheit zu mir und blieb an meinem Bett stehen. Sie schaute mich mit dem Blick einer liebenden Mutter an, und indem sie mir die Tränen von den Wangen wischte, sagte sie:

»Ich hörte den Ruf deiner Seele, und ich bin gekommen, um dich zu trösten. Öffne mir dein Herz, und ich werde es mit Licht füllen. Frage mich, und ich zeige dir den Weg der Wahrheit!«

Ich sagte: »Wer bin ich, o Weisheit, und wie bin ich an diesen furchterregenden Ort gekommen? Was bedeuten diese großen Hoffnungen, die zahlreichen Bücher und die seltsamen Zeichnungen? Was sollen diese Gedanken, die wie Scharen von Tauben vorbeiziehen? Und diese Worte – mit Lust gedichtet und mit Wonne deklamiert? Welcher Art sind die betrüblichen und erfreulichen Regungen, die meinen Geist befallen und mein Herz umfangen? Was für Augen sind das, die bis in mein Innerstes sehen und sich von meinen Leiden abwenden? Was für Stimmen sind das, die meine Tage beklagen und meine Bedeutungslosigkeit besingen? Was ist diese Jugend, die mit meinen Gefühlen spielt und sich über meine Sehnsucht mokiert – vergessend die Taten von gestern, sich freuend an den Belanglosigkeiten des Heute und die zukünftigen Dinge verachtend –?

Was für eine Welt ist das, die mich ins Unbekannte führt und mit mir an unbedeutenden Plätzen Halt macht? Was für eine Erde, die ihren Mund weit öffnet, um die Kadaver hinunterzuschlucken, und ihr Herz den Begierden öffnet, die sich darin ansiedeln? Und was für ein Mensch ist das, der sich mit der Liebe zum Glück begnügt, nicht ahnend, dass sie ihn in den Abgrund führt? Wer trachtet nach dem Kuss des Lebens, wenn der Tod ihn ohrfeigt? Wer erkauft sich eine Minute Lust für ein Jahr Bedauern? Wer gibt sich dem Schlaf hin, wenn die Träume ihn rufen? Wer läuft mit den Flüssen der Unwissenheit zum Meer der Finsternis? O Weisheit, was für Dinge sind das?«

Und die Weisheit antwortete:

»Du versuchst, o Mensch, die Welt mit den Augen eines Gottes zu sehen und die Geheimnisse der kommenden Welt mit menschlichem Geist zu ergründen. Und das ist der Gipfel der Narrheit!

Geh hinaus in die Natur. Dort findest du die Biene eine Blume umkreisen und den Geier, der sich auf seine Beute stürzt. Tritt ein in das Haus deines Nachbarn. Du wirst dort das Kind finden, das über die Feuerflammen staunt, während seine Mutter mit einer Hausarbeit beschäftigt ist. Sei wie die Biene, und verschwende nicht die Zeit des Frühlings damit, den Geier zu beobachten. Sei wie das Kind. Freu dich über die Flammen des Feuers, und lass deine Mutter sich um die Hausarbeit kümmern.

Alles, was du mit deinen Augen siehst, ist für dich und wird für dich sein. Die vielen Bücher, die seltsamen Zeichnungen und die schönen Gedanken sind die Schatten der Geister, die dir vorausgegangen sind. Die Worte, die du webst, sind Brücken zwischen dir und deinen Brüdern. All die betrüblichen und erfreulichen Regungen sind Samen, welche die Vergangenheit ausgestreut hat in das Feld des menschlichen Geistes, um in die Zukunft einzudringen.

Diese Jugend, die mit deinen Gefühlen spielt, ist derjenige, der die Tür deines Herzens öffnen will, um das Licht einzulassen. Die Erde, die ihren Mund öffnet, um die Kadaver zu verschlingen, wird deine Seele aus der Sklaverei deines Körpers befreien. Diese Welt, die mit dir unterwegs ist, ist dein Herz, und ein Herz ist alles, was du für diese Welt hältst. Und der Mensch, den du als unwissend und gering bezeichnest, ist aus Gott gekommen, um Freude durch Leid zu erlernen und Wissen durch Finsternis.«

Nach diesen Worten legte die Weisheit ihre Hand auf meine brennende Stirn und sagte:

»Geh weiter, und bleib nicht stehen, denn vor dir ist die Vollendung. Geh und fürchte nicht die Dornen auf dem Weg, denn sie greifen nur das unreine Blut an.«

## Frieden

Der Sturm beruhigte sich, nachdem er Pflanzen und Zweige gezwungen hatte, sich vor ihm zu verbeugen. Die Sterne erschienen wie verstreute Reste der Blitze an der Oberfläche des Himmels. Die Felder schwiegen, als ob der Krieg der Elemente nicht stattgefunden hätte.

Da betrat ein junges Mädchen ihren Raum, warf sich auf ihr Bett und weinte bitterlich. Dann seufzte sie und rief:

»Bring ihn mir zurück, o Herr, denn meine Tränen sind versiegt und mein Herz ist geschmolzen! Bring ihn mir zurück, o Geist, der mit einer Weisheit richtet, die den Verstand des Menschen übersteigt! Die Ausdauer hat mich verlassen, und Verzweiflung beherrscht mich. Befreie ihn aus den Krallen des Krieges! Rette ihn aus den Händen des Todes! Hab Erbarmen mit einem schwachen Jüngling, der ein Opfer der Gewalt der Mächtigen wurde, die ihn mir geraubt haben.

Besiege deinen Feind, den Krieg, o Liebe, und rette meinen Geliebten, denn er ist einer deiner Söhne. Entferne dich von ihm, Tod, und lass ihn mich wiedersehen, oder komm und bring mich ihm!«

In diesem Augenblick trat ein Jüngling ein, dessen Kopf einen weißen Verband trug, auf den der Krieg mit roten Buchstaben geschrieben hatte. Er näherte sich dem jungen Mädchen mit Lächeln und Tränen. Dann nahm er ihre Hand und legte sie an seine brennenden Lippen. Mit einer Stimme, in der sich Liebesleid und Wiedersehensfreude mischten, sagte er:

»Erschrick nicht, denn derjenige, um den du weinst, ist zurückgekehrt! Freu dich vielmehr, denn der Friede bringt dir wieder, was der Krieg genommen hat, und der Sohn der Menschlichkeit gibt dir zurück, was der Sohn der Habgier dir geraubt hat. Trockne deine Tränen, Geliebte, und lächle, denn es gibt Menschen, die Mitleid empfinden, wenn die Grausamkeit der Mächtigen sich ausbreitet. Wundere dich nicht, dass ich lebendig aus dem Krieg zurückkehre, denn die Liebe trägt ein Zeichen, vor dem der Tod flieht, wenn er es erblickt; und der Feind, der es sieht, ist besiegt. Ich bin es! Halte mich nicht für einen Geist, der aus der Welt der Wünsche kommt und einen Ort aufsucht, der von deiner Schönheit und deinem Schweigen erfüllt ist. Fürchte dich nicht, denn ich bin es wirklich, Geliebte! Ich bin dem Schwert und dem Feuer unversehrt entkommen, damit die Menschen den Sieg der Liebe über den Krieg erkennen. Ich bin ein Wort, das ein Mensch des Friedens gesprochen hat, um als Einleitung zu dienen für den Roman deines Glückes.«

Nach dieser langen Rede schwieg er, und Tränen ersetzten seine Worte. Und während die Engel der Freude über der kleinen Hütte schwebten, nahmen sich die beiden Herzen wieder, was sie bei ihrem Abschied verloren hatten.

Am frühen Morgen standen die beiden in der Mitte eines Feldes, um die Schönheit der Natur zu bewundern. Nach einer Weile des Schweigens, in dem ihre Herzen Zwiesprache hielten, schaute der Soldat gen Osten und sagte zu seiner Geliebten:

»Sieh die Sonne, die aus dem Dunkel aufgeht!«

## »Die vollkommene Welt«

Gott der verlorenen Seelen, der du verloren bist unter allen Göttern, höre mich!

Gnädiges Schicksal, das über uns irren, wandernden Seelen wacht, höre mich!

Ich lebe inmitten einer vollkommenen Welt, ich der Allerunvollkommenste.

Ich, ein menschliches Chaos, ein Nebel aus vertauschten Elementen, bewege mich zwischen vollendeten Welten – Menschen mit Recht und Ordnung, mit rechten Gedanken, mit geordneten Träumen, Wunschbildern, die allseits bekannt und aufgezeichnet sind.

Ihre Tugenden, o Gott, sind abgemessen, ihre Sünden abgewogen, und sogar jene zahllosen Dinge im Zwielicht zwischen Tugend und Sünde haben Rang und Ordnung.

Untadelige Gesetze schreiben vor, was bei Tag und Nacht zu tun ist: Essen, trinken, schlafen, seine Blößen bedecken, und zur rechten Zeit müde zu sein. Arbeiten, spielen, singen, tanzen, und still dazuliegen, wenn die Stunde schlägt.

Dieses denken, jenes fühlen, und mit Denken und Fühlen aufzuhören, wenn ein bestimmter Stern am Horizont erscheint.

Lächelnd einen Nachbarn auszurauben, huldvoll zu verschenken, von oben herab zu loben, vorsichtig zu tadeln, mit einem einzigen Wort eine Seele zu vernichten, mit einem Atemstoß einen Körper zu verbrennen, und nach des Tages Arbeit die Hände zu waschen.

Zu lieben, wie sich's gehört, auf vorgeschriebene Art Kurzweil zu treiben, die Götter gebührend zu verehren, die Teufel kunstvoll an der Nase zu führen – und wenn es sein muss, alles zu vergessen, wie wenn die Erinnerung gestorben wäre.

An einer Idee Gefallen zu finden, mit Bedacht zu meditieren, inniglich das Glück zu genießen, vornehm zu leiden – und dann den Becher zu leeren, auf dass der morgige Tag ihn wieder fülle.

All diese Dinge, o Gott, werden mit Voraussicht geplant, zu ihrer Bestimmung in die Welt gesetzt, sorgsam gehegt, nach Regeln regiert, vom Verstand geführt und schließlich, wie es vorgeschrieben ist, geschlachtet und begraben. Und sogar die stillen Gräber in der menschlichen Seele sind gekennzeichnet und gezählt.

Eine vollkommene Welt ist es, eine Welt vollendeter Vortrefflichkeit, eine Welt grenzenloser Wunder, die reifste Frucht in Gottes Garten, der Meister-Gedanke des Universums.

Aber warum, o Gott, muss ich darin leben, ich, ein Samenkorn unausgereifter Leidenschaft, ein irrer Sturm, der nicht nach Ost und nicht nach Westen bläst, ein verhehrter Überrest eines längst verbrannten Planeten?

O Gott der verlorenen Seelen, der du verloren bist unter allen Göttern, warum muss ich hier leben?


## Vor dem Thron der Schönheit

Ich floh vor der Menschenmenge in ein weites Tal; bald folgte ich wandernd dem Lauf des Flusses, bald lauschte ich der Unterhaltung der Vögel, bis ich einen Platz erreichte, wo mich dichtes Gezweig vor den Blicken der Sonne schützte. Dort ließ ich mich nieder, plauderte mit meiner Einsamkeit und hielt Zwiesprache mit meiner Seele, einer dürstenden Seele, für die alles Sichtbare wie eine Luftspiegelung ist und alles Unsichtbare wie ein labender Trunk.

Und als mein Geist dem Gefängnis der Materie entflohen war, blickte ich mich um und sah ein Mädchen neben mir stehen. Es war eine Nymphe, die weder Gewand noch Schmuck trug, nur einen Zweig aus Weinreben, womit sie einen Teil ihres Körpers verbarg, und einen Kranz aus Anemonen, der ihre goldenen Haare zusammenhielt. Als sie mein Erstaunen und meine Verwirrung in meinen Blicken las, sagte sie:

»Ich bin die Tochter des Waldes. Hab keine Angst!«

Nachdem die Sanftheit ihrer Stimme mir Vertrauen eingeflößt hatte, fragte ich:

»Können Wesen wie du an einem Ort wohnen, wo Wildnis herrscht und wilde Tiere leben? Sag mir bei deinem Leben, wer bist du und woher kommst du?«

Sie setzte sich ins Gras und sagte:

»Ich bin ein Symbol der Natur. Ich bin die Jungfrau, die deine Vorfahren anbeteten und für die sie Altäre und Tempel in Baalbek, Afqa und Byblos errichteten.«

»Diese Tempel sind zerstört«, sagte ich, »und die Gebeine meiner Vorfahren wurden zu Staub; von ihren Göttern und ihrer Religion bleibt nichts übrig außer einigen Seiten im Innern einiger Bücher.«

Sie antwortete: »Viele dieser Götter lebten im Leben ihrer Anbeter, und sie starben mit ihrem Tod. Doch es gibt andere, die als ewige himmlische Gottheiten leben. Meine Göttlichkeit lebt aus der Schönheit der Natur, die du überall wahrnimmst, wohin dein Auge blickt. Die gesamte Natur in all ihren Formen ist Schönheit; eine Schönheit, die für den Hirten auf den Hügeln, für den Dorfbewohner auf den Feldern und für die Beduinen auf ihren Wanderungen zwischen Gebirge und Küste der Beginn des Glückes ist und für den Weisen die Leiter zum Thron der Wahrheit, die nicht verletzt.«

Ich entgegnete: »In der Tat, die Schönheit ist eine furchtbare und schreckliche Macht!« Und dabei drückte das Klopfen meines Herzens aus, was meine Zunge nicht weiß.

Auf ihrem Mund erschien das Lächeln der Blumen und in ihren Augen das Geheimnis des Lebens, als sie sagte: »Ihr Menschen fürchtet alles, sogar euch selbst. Ihr fürchtet den Himmel, der die Quelle des Friedens ist; ihr fürchtet die Natur, die euer Ruhelager ist. Ja, ihr fürchtet den Gott der Götter und unterstellt ihm Zorn und Hass; und wäre er nicht Liebe und Erbarmen, so wäre er nicht.«

Nach einer Weile angenehmster Träumerei fragte ich sie: »Was ist Schönheit? Die Menschen haben die unterschiedlichsten Vorstellungen von ihr, und im Lob und in der Liebe zu ihr weichen sie voneinander ab.«

Sie antwortete:

»Schönheit ist, was deine Seele anzieht. Sie ist das, was du siehst und dich veranlasst, zu geben statt zu nehmen. Sie ist das, was du fühlst, wenn du ihr begegnest und deine Hände ausstreckst, um sie an dich zu ziehen. Sie ist das, was der Körper als Prüfung ansieht und der Geist als Geschenk. Sie ist die Eintracht zwischen Traurigkeit und Freude. Sie ist all das, was du als Verborgenes erkennst, als Unbekanntes ahnst und schweigend hörst. Sie ist eine Macht, die in deinem Allerheiligsten beginnt und jenseits deiner Visionen endet ...«

Die Tochter des Waldes näherte sich mir; sie legte ihre duftende Hand auf meine Augenlider, und als sie sich wieder entfernte, fand ich mich allein in diesem Tal. Ich ging zurück, und meine Seele wiederholte:

»Die Schönheit ist das, was du siehst und dich veranlasst,
zu geben statt zu nehmen.«

## Lied der Blume

Ich bin ein Wort,
das die Natur ausspricht;
dann nimmt sie es zurück,
verbirgt es in den Falten
ihres Herzens
und wiederholt es.
Ich bin ein Stern,
der aus blauem Himmel
auf einen grünen Teppich fällt.

Ich bin die Tochter der Elemente:
der Winter trug mich
in seinem Schoß,
der Frühling brachte mich
zur Welt,
der Sommer zog mich auf,
und der Herbst
sang mich in den Schlaf.
Ich bin ein Geschenk
an die Geliebte,
eine Brautkrone,
ich bin die letzte Gabe
eines Lebenden an einen Toten.

Am Morgen künden der Sephir und ich
die Ankunft des Lichtes an,
und am Abend sagen die Vögel und ich
ihm Lebewohl.

Ich lasse mich nieder auf den Wiesen
und schmücke sie.
Ich atme in den Wind
und parfümiere ihn
mit meinem Duft.

Ich umarme den Schlaf,
und die zahllosen Augen der Nacht
blicken mich an.
Ich erwarte den Morgen,
um auf das eine Auge
des Tages zu schauen.

Ich trinke den Tau wie Wein
und lausche dem Lied der Drossel.
Unter dem Applaus des Grases
tanze ich.
Ich blicke stets nach oben,
um nicht meinen Schatten,
sondern das Licht zu sehen.
Und dies ist eine Weisheit,
die der Mensch
noch nicht gelernt hat.

## Vergangenheit und Zukunft

Ich sage euch, die Kinder von gestern gehen im Leichenzug
der Ära, die sie für sich selbst erschaffen haben. Sie ziehen
an einem verfaulten Seil, das bald reißen kann und verursa-
chen wird, dass die alle in einen vergessenen Abgrund stür-
zen. Ich sage euch, sie leben in Häusern mit schwachen
Grundfesten. Wenn der Wind geht – und es hebt schon an
zu stürmen –, werden ihnen ihre Häuser über dem Kopf

zusammenfallen und zu ihren Gräbern und Grüften werden. Ich sage euch, alle ihre Gedanken, ihre Aussprüche, ihre Streitigkeiten, ihre Kompositionen, ihre Bücher und alle ihre Werke sind nichts als Ketten, die an ihnen ziehen, denn sie selbst sind zu schwach, um die Last zu ertragen.

Die Kinder von morgen aber sind vom Leben berufen. Sie folgen ihm mit festem Tritt und hocherhobenem Kopf. Sie sind die Morgenröte neuer Grenzen, kein Rauch wird ihre Augen vernebeln, kein Klirren von Ketten wird ihre Stimmen übertönen. Es sind nur wenige, aber sie unterscheiden sich von den anderen wie eine Weizenähre von einem Heuschober. Niemand kennt sie, sie aber erkennen einander. Sie gleichen den Gipfeln, die einander sehen und hören können, nicht den Höhlen, die taub und blind sind. Sie sind wie der Same, der die Schale durchbricht und seine Keimblätter vor dem Angesicht der Sonne darbietet. Er wird zu einem mächtigen Baum heranwachsen mit den Wurzeln im Herzen der Erde und den Ästen hoch im Himmel.

## Die letzte Wache

Als die Nacht am weitesten fortgeschritten war und der erste Hauch der Morgendämmerung sich schon in den Wind mischte, verließ der Vorbote, der sich selbst als das Echo einer noch nicht vernommenen Stimme bezeichnet, seinen Schlafraum und stieg auf das flache Dach seines Hauses. Lange stand er dort und schaute auf die schlafende Stadt. Dann hob er seinen Kopf, und als hätten sich die schlaflosen Geister der schlummernden Bewohner um ihn versammelt, sprach er zu ihnen:

»Meine Freunde, meine Nachbarn und du, der du jeden Tag an meinem Gartentor vorüberkommst, lasst mich zu euch sprechen, während ihr noch schlaft! Ich möchte unverhüllt und ungehindert im Tal eurer Träume umhergehen, denn unaufmerksam und achtlos sind die Stunden eures Wachens und taub eure lärmbelasteten Ohren.

Lange und übermäßig habe ich euch geliebt!

Jeden Einzelnen von euch liebe ich, als ob er alle zusammen wäre, und euch alle liebe ich, als ob ihr einer wäret.

Im Frühling meines Lebens sang ich in euren Gärten, und im Sommer meines Herzens hütete ich eure Tennen.

Ja, ich liebte euch alle, den Riesen ebenso wie den Zwerg, den Aussätzigen nicht weniger als den Gesalbten und den, der im Dunkeln seinen Weg ertastet ebenso wie denjenigen, der auf den Berggipfeln tanzt.

Dich, den Starken, liebte ich, obgleich man noch die Narben in meinem Fleisch sieht, die von deinen Eisenhufen herrühren, und dich, den Schwächling, liebte ich, obwohl du meinen Glauben oft auf die Probe gestellt und meine Geduld überbeansprucht hast.

Dich, den Reichen, habe ich geliebt, wenn auch dein Honig meinem Mund bitter schmeckte, und dich, den Armen, obwohl du meine Scham angesichts meiner leeren Hände kennst.

Dich, den Sänger mit der geborgten Laute und den ungeübten Fingern, dich liebte ich in meiner Nachsicht ebenso wie den Gelehrten, der die Friedhöfe nach vermoderten Leichentüchern absucht.

Dich, den Priester, liebte ich, der im Schweigen von Gestern wohnt und das Schicksal des Morgen befragt.

Euch alle liebte ich, die ihr Götter verehrt, die das Spiegelbild eurer Wünsche und Sehnsüchte sind.

Dich, die dürstende Frau, deren Becher immer voll ist, liebte ich im Einverständnis, und dich, die Frau schlafloser Nächte, habe ich voll Mitleid geliebt.

Dich, den Redseligen, liebte ich, indem ich mir sagte: »Das

Leben hat viel zu erzählen!« Und dich, den Schweigsamen, habe ich geliebt, indem ich dachte: »Drückt er nicht durch sein Schweigen aus, was ich gerne in Worten hören würde?«

Sogar dich, den Richter und Kunstkritiker, liebte ich, wenn ich auch nie vergesse, was du sagtest, als du mich gekreuzigt sahst, nämlich: »Sein Blut tropft im Takt, und das Muster, das sein vergossenes Blut auf seine Haut zeichnet, ist schön anzusehen!« Ja, ich habe euch alle geliebt, die Jungen und die Alten, das zitternde Rohr und die Eiche.

Doch das Übermaß meiner Liebe bewirkte, dass ihr euch von mir abwandtet. Ihr wolltet die Liebe schluckweise aus einem Becher trinken und nicht von der sprudelnden Quelle. Ihr wolltet das sanfte Geflüster der Liebe hören, wenn sie aber schreit, dann haltet ihr euch die Ohren zu.

Weil ich euch alle ohne Ausnahme und ohne Unterschied liebte, habt ihr gesagt: »Sein Herz ist zu willfährig und seine Pfade zu unentschieden. Seine Liebe ist die eines Anspruchslosen, der sich mit Brosamen zufrieden gibt, selbst wenn er an einer königlichen Tafel sitzt. Es ist die Liebe eines Schwächlings, denn die Starken lieben nur Ihresgleichen.«

Weil ich euch so übermäßig liebte, sagtet ihr euch: »Seine Liebe ist die Liebe eines Blinden, der nicht unterscheiden kann zwischen der Schönheit des Einen und der Hässlichkeit des Anderen. Es ist die Liebe eines Menschen, der keinen Geschmack hat und der Essig für Wein hält. Auch ist es die Liebe eines aufdringlichen und anmaßenden Menschen, denn welcher Fremde sollte uns wie Mutter oder Vater, wie Schwester oder Bruder lieben?«

Dies sagtet ihr und noch mehr! Oft zeigtet ihr auf dem Marktplatz mit den Fingern auf mich und spottetet:

»Da geht er, der kein Alter kennt, der Mann ohne Jahreszeiten, der um die Mittagszeit mit unseren Kindern spielt und abends mit den Ältesten zusammensitzt und Weisheit und Verständnis vorgibt.«

Da sagte ich mir: »Ich will sie mehr lieben, ja noch mehr lieben! – Aber ich will meiner Liebe den Anschein des Hasses geben und meine Zärtlichkeit hinter Strenge verbergen; ich werde mir eine eiserne Maske anlegen, und ich werde sie nur noch in dieser Tarnung aufsuchen!«

Von da an lenkte ich euch mit fester Hand, und wie nächtlicher Sturm dröhnte meine Stimme in euren Ohren.

In aller Öffentlichkeit schimpfte ich euch Heuchler und Schwindler.

Die Kurzsichtigen unter euch bezeichnete ich als blinde Fledermäuse, und diejenigen, welche die Erde liebten, als geistlose Maulwürfe. Die Redegewandten nannte ich doppelzüngig, die Schweigsamen mundfaul und die Einfältigen schimpfte ich Todgeweihte, die sich gegen den Tod nicht wehren.

Den Weltklugen warf ich vor, den Heiligen Geist zu beleidigen, und die Frommen bezeichnete ich als Schattenfänger, die ihre Netze in trübes Wasser auswerfen und nichts als ihr eigenes Bild einfangen.

Auf diese Weise verurteilte ich euch alle mit meinen Lippen, während mein Herz blutete und euch mit zärtlichen Namen rief.

Es war meine von euch verspottete und verhöhnte Liebe, die so sprach. Es war der halb erschlagene Stolz, der noch im Staub zuckte. Es war mein Hunger nach eurer Liebe, der euch in aller Öffentlichkeit verurteilte, während meine Liebe zu euch schweigend auf den Knien lag und euch um Verzeihung bat.

Und siehe da, ein Wunder geschah!

Meine Maskierung öffnete eure Augen und mein zur Schau gestellter Hass weckte die Liebe in euren Herzen. Und nun liebt ihr mich! Denn ihr liebt die Schwerter, die euer Fleisch durchbohren, und die Pfeile, die in eure Brust dringen. Es gelüstet euch danach, verwundet zu werden, und ihr seid erst berauscht, wenn ihr von eurem eigenen Blut trinkt.

Wie Motten, die die Vernichtung in den Flammen suchen, so versammelt ihr euch täglich in meinem Garten. Mit erhobenen Gesichtern und begeisterten Blicken seht ihr zu, wie ich niederreiße, was ihr am Tag aufgebaut habt! Und flüsternd sagt ihr untereinander: »Er sieht im Lichte Gottes! Er spricht wie unsere alten Propheten! Er enthüllt das Innerste unserer Seelen und legt unsere Herzen bloß! Wie der Adler die Wege der Füchse kennt, so kennt er unsere Wege.«

Ja, ich kenne eure Wege, aber so wie der Adler die Wege seiner Jungen kennt. Zu gerne würde ich euch in mein Geheimnis einweihen. Aber da ich eure Nähe brauche, täusche ich Entfremdung und Gleichgültigkeit vor. Aus Furcht vor der Ebbe eurer Liebe richte ich vor den Fluten meiner Liebe Dämme auf.

Nach diesen Worten bedeckte der Vorbote sein Gesicht mit den Händen und weinte bitterlich. Denn er wusste in seinem Herzen, dass die Liebe, die sich ihrer Blöße wegen demütigen lässt, größer ist als die Liebe, die ihrer Verstellung und Maskierung wegen triumphiert; und er war beschämt.

Nach einer Weile erhob er plötzlich seinen Kopf, und wie jemand, der aus dem Schlaf erwacht, streckte er seine Arme aus und sprach: »Die Nacht ist vorüber, und wir Kinder der Nacht müssen sterben, wenn die Morgendämmerung anbricht und über die Hügel hüpft. Und aus unserer Asche wird sich eine größere Liebe erheben. Sie wird der Sonne ins Gesicht lachen, und sie wird unsterblich sein.«

## Aus der Tiefe meines Herzens

Aus der Tiefe meines Herzens erhob sich ein Vogel und flog himmelwärts.

Höher und höher schwang er sich empor und wurde dabei zusehends größer.

Zuerst war er so groß wie eine Schwalbe, dann wie eine Lerche, später hatte er die Größe eines Adlers, dann die einer Frühlingswolke, und schließlich füllte er den gesamten gestirnten Himmel.

Aus der Tiefe meines Herzens flog ein Vogel himmelwärts; je höher er flog, um so größer wurde er. Doch er verließ mein Herz nicht.


O mein Glaube, mein ungebändigtes Wissen, wie kann ich mich zu deinen Höhen emporschwingen und mit dir des Menschen größeres Ich entdecken, das in den Himmel geschrieben ist?

Wie kann ich das Meer in mir in Nebel verwandeln, um auf diese Weise mit dir aufzusteigen – in unbegrenzte Räume?

Wie kann jemand, der im Tempel eingeschlossen ist, seine goldenen Türme und Kuppeln sehen?

Wie kann der Kern einer Frucht die ganze Frucht umschließen?

O mein Glaube, ich bin angekettet hinter diesen Stäben aus Silber und Ebenholz, und ich kann nicht mit dir fliegen.

Aber es ist mein Herz, aus dem du kommst und zum Himmel emporsteigst, es ist mein Herz, das dich hält. Und das soll mir genügen.

# Gestern und heute

Ein reicher Mann ging im Garten seines Palastes spazieren; die Sorge folgte ihm auf den Fersen, und über seinem Kopf flatterte die Unruhe wie Geier über einem Kadaver; so erreichte er einen von Marmorstatuen umgebenen See, der von Menschenhand angelegt worden war. Er setzte sich ans Ufer und betrachtete bald den Wasserstrahl, der aus den Mündern der Statuen hervorsprudelte wie die Gedanken aus der Vorstellung eines Liebhabers – bald blickte er auf sein herrliches Schloss, das auf einem Hügel lag wie ein Muttermal auf der Wange eines Mädchens.

Während er dort saß, leistete ihm die Erinnerung Gesellschaft, und sie breitete vor seinen Augen die Seiten aus, welche die Vergangenheit in den Roman seines Lebens geschrieben hatte.

Seine Tränen verschleierten mehr und mehr den Blick auf das, was der Mensch hier geschaffen hatte, und der Kummer rief in seinem Herzen die Tage zurück, welche die Götter gewebt hatten. Und sein Schmerz floss in seine Worte, als er sagte:

»Gestern hütete ich meine Schafe auf den grünen Hügeln; ich freute mich meines Lebens und brachte mein Glück auf meiner Flöte zum Ausdruck. Heute bin ich ein Gefangener meiner Begierden. Das Geld führte mich zum Wohlstand, der Wohlstand zur Sorge, die Sorge zur Verzweiflung. Gestern war ich wie ein singender Vogel und wie ein schwebender Schmetterling. Keine Brise berührte die Köpfe der Gräser sanfter als meine Schritte das Feld.

Nun bin ich ein Gefangener der Gepflogenheiten der Gesellschaft. Ich kleide mich und verhalte mich, um den Menschen und ihren Moden zu gefallen. Und ich wünschte geboren zu sein, um mich meines Lebens zu erfreuen. Doch der Reichtum zwingt mich, auf den Pfaden der Sorge zu gehen. Ich bin wie ein Kamel, das schwer beladen ist mit Gold und unter dieser Last zugrunde geht.

Wo sind die weiten Ebenen und die rauschenden Bäche? Wo sind die reine Luft und die Pracht der Natur? Wo ist meine Göttlichkeit? All dies habe ich verloren, und stattdessen bleibt mir nichts als das Gold, dem ich nachlaufe und das sich über mich lustig macht, viele Sklaven und wenig Freude und ein Palast, den ich erbaute, während er mein Glück zerstörte.

Gestern begleitete ich die Tochter der Beduinen, und die Unschuld war die Dritte im Bunde. Die Liebe war unsere Vertraute und der Mond unser Wächter. Heute umgeben mich Frauen mit hoch aufgerichteten Hälsen, die mit den Augen zwinkern und ihre Schönheit für Halsketten, Ringe und Gürtel verkaufen.

Gestern war ich umgeben von jungen Gespielinnen; wie Gazellen hüpften wir zwischen den Bäumen. Wir erfreuten uns an der Natur und besangen sie. Heute bin ich ein Lamm inmitten von Wölfen.

Auf der Straße richten sich hasserfüllte Blicke auf mich, und neidische Finger zeigen auf mich. Nichts als finstere Gesichter sehe ich und hocherhobene Köpfe.

Gestern war mir das Leben geschenkt und die Schönheit der Natur; heute bin ich dieser Güter beraubt. Gestern war ich reich in meinem Glück, heute bin ich arm trotz meines Reichtums. Gestern war ich bei meinen Schafen ein gütiger Herrscher inmitten seiner Untertanen; heute bin ich dem Geld gegenüber wie ein furchtsamer Sklave vor seinem willkürlichen Herrn.

Ich ahnte nicht, dass das Gold das Auge meiner Seele blenden würde, so dass sie zu einer Grotte der Unwissenheit wird. Und ich wusste nicht, dass das Leben, das die Menschen rühmen, in Wirklichkeit eine Hölle ist.«

Der Reiche erhob sich von seinem Platz und schritt langsam auf seinen Palast zu, während er seufzend fortfuhr: »Ist das Geld der Gott, dessen Priester ich wurde? Ist es das Geld, was wir ein Leben lang suchen, und dann nicht eintauschen können gegen ein Körnchen Leben? Wer kann mir für einen Zentner Gold einen schönen Gedanken verkaufen? Wer kann mir für eine Handvoll Schätze aus meinem Tresor einen Augenblick der Liebe geben? Wer vermag mir für all meinen Reichtum ein Auge zu leihen, das die Schönheit sieht?«

Als er sich dem Tor seines Palastes näherte, drehte er sich um und schaute auf die Stadt, wie Jeremias auf Jerusalem geblickt hatte. Er zeigte auf sie mit seiner Hand, und als ob er eine Totenklage anstimmen wollte, rief er mit lauter Stimme:

»O Volk, das im Dunkeln geht und im Schatten des Todes weilt, o Volk, das dem Unglück nachjagt, die Zeit mit Nichtstun verbringt und in Unwissenheit redet, bis wann wirst du Dornen und Disteln essen und die Früchte und Kräuter wegwerfen? Bis wann willst du auf unwegsamen Plätzen wohnen und den Gärten des Lebens den Rücken kehren? Warum trägst du zerschlissene und abgetragene Kleider, wo doch damaszenische Seidengewänder für dich bereitliegen?

O Volk, die Lampe der Weisheit ist verloschen. Fülle sie mit Öl auf! Der Wegelagerer droht den Weinberg des Glücks zu zerstören. Bewache ihn gut! Der Räuber hat es auf die Schätze deiner Ruhe abgesehen. Hab Acht auf sie!«

In diesem Augenblick sah er einen armen Mann vor sich, der um ein Almosen bettelte. Der Reiche sah ihn an, seine zitternden Lippen wurden entschlossen, seine traurige Gestalt straffte sich, und seine Augen begannen zu strahlen. Das Gestern, das er am See beklagt hatte, kam heute zu ihm und grüßte ihn. Er näherte sich dem Bettler und umarmte ihn mit brüderlichem Kuss. Dann füllte er seine Hände mit Gold und sagte:

»Nimm dies für heute, mein Bruder! Und morgen komm mit deinen Freunden zurück, und holt euch, was euch zusteht!«

Der Arme lächelte wie eine verwelkte Blume bei der Rückkehr des Regens. Dann ging er eilig weg. Der Reiche betrat seinen Palast, indem er sagte:

»Alle Dinge des Lebens sind gut – selbst das Geld –, denn sie erteilen dem Menschen eine Lehre. Das Geld ist wie ein Musikinstrument; derjenige, der es nicht zu spielen versteht, hört nichts als Missklänge. Und wie bei der Liebe, so verhält es sich auch mit dem Reichtum: er tötet denjenigen, der ihn für sich behält, doch demjenigen, der ihn weitergibt, schenkt er Leben.«

## Schlusswort

Meine Seele ist meine Gefährtin, die mich stärkt, wenn das Unglück der Tage mich zu erdrücken droht, und die mich tröstet, wenn die Schwierigkeiten des Lebens sich mehren. Wer nicht der Freund seiner Seele ist, ist ein Feind der Menschen. Und wer nicht sein eigener Vertrauter ist, stirbt vor Verzweiflung, denn das Leben entspringt im Innern eines Menschen und kommt nicht von dem, was ihn umgibt.

Ich bin in diese Welt gekommen, um ein Wort zu sagen, und ich werde es aussprechen. Doch wenn der Tod mich holt, bevor ich dieses Wort ausgesprochen habe, dann wird es das Morgen verkünden, denn nichts wird verborgen bleiben im Buch der Unendlichkeit.

Ich bin in die Welt gekommen, um im Glanz der Liebe und im Licht der Schönheit zu leben. Und siehe, ich bin lebendig! Die Menschen können mich nicht von meinem Leben trennen. Sollten sie mir mein Augenlicht nehmen, so würde ich den Liedern der Liebe und den Melodien der Schönheit lauschen; sollten sie mir mein Gehör rauben, so würde ich mich an der zärtlichen Berührung der Brise erfreuen, die erfüllt ist von den Seufzern der Liebenden und vom Duft der Schönheit. Und wäre mir auch das verweigert, so würde ich mich mit meiner Seele trösten, denn sie ist die Tochter der Liebe und der Schönheit.

Ich bin in diese Welt gekommen, um für alle und in allen zu sein. Was ich heute in meiner Einsamkeit tue, wird das Morgen allen offenbaren. Was ich jetzt mit einer Zunge sage, werden in Zukunft tausend Zungen verkünden.

# Nachwort und Textverzeichnis

Als Khalil Gibran sein Buch »Der Prophet« verfasste, sollte es der erste Teil einer Trilogie sein. Es wurde begeistert aufgenommen und ist inzwischen ein Klassiker der Weltliteratur. »Die Rückkehr des Propheten« ist der zweite Teil, dessen Veröffentlichung der Poet des Libanon nicht mehr erleben sollte. Dieses Vermächtnis Gibrans, ein Werk voller Poesie und Weisheit, öffnet den Blick für die Wunder der Erde und die zerbrechliche Beziehung des Menschen zur Natur. Eine inspirierende Reise in die Welt des Propheten. »Die Sehnsucht des Propheten« ist eine Anthologie aus dem Gesamtwerk Gibrans, die das Verlangen des Menschen nach einer höchsten Liebe thematisiert und versucht, das ursprüngliche Vorhaben Gibrans, eine Trilogie zu veröffentlichen, aufgreift. *Patmos Verlag*

*Der Prophet* und *Die Rückkehr des Propheten* aus: Khalil Gibran, *Sämtliche Werke*, herausgegeben von Ursula und S. Yussuf Assaf, Düsseldorf 2003.

S. 103, 109, 111, 113, 115, 118, 125 aus : *Der Narr*, in: Khalil Gibran, *Sämtliche Werke in 5 Bänden*. Übersetzt, mit Nachwort versehen und herausgegeben von Ursula und S. Yussuf Assaf, Bd. 2, Ostfildern 2011

S. 112, 114, 131, 136 aus: *Der Vorbote*, in: Khalil Gibran, *Sämtliche Werke*, herausgegeben von Ursula und S. Yussuf Assaf, Düsseldorf 2003

S. 103, 105, 106, 117, 119, 121, 123, 126, 129, 137, 140 aus: *Eine Träne und ein Lächeln,* in: Khalil Gibran, *Sämtliche Werke in 5 Bänden*. Übersetzt, mit Nachwort versehen und herausgegeben von Ursula und S. Yussuf Assaf, Bd. 1, Ostfildern 2011

S. 100, 110, 116, 130 aus: Khalil Gibran, *Das Reich der Ideen. Aphorismen und Betrachtungen*. Herausgegeben von Joseph Sheban. Aus dem Englischen von Eva Hirsch, Düsseldorf und Zürich, 8. Auflage 1995